哲學研究叢書·學術思想叢刊

敵道學史

——從北宋到二十世紀

衷鑫恣　著

目次

第一章
緒論

第一節　何謂敵道學

敵道學，「敵」字取敵對、敵視義。所謂敵道學，簡單說，恨道學、罵道學者也。千年來，社會上大有對道學存敵視之心、發仇恨之語、行敵對之事者，它們都是敵道學。上至皇帝，下至庶民，文人居中，莫不有之，以醜詆折損道學為能事。本書之目的，即在於證明敵道學自古人多勢眾。希望藉此告訴世人，在社會學意義上，一直被認為主導近古中國的道學，實為弱勢部門。

「道學」何謂？這裡非指道家學術或道家學校。它是宋元明清時期的一種儒學，在後人的敘述中，理學、性理學、宋學以及英語中的Neo-Confucianism（新孔學）等，都是近義詞，常常可以互換。無論「道學」還是「理學」，外延都有些模糊，我們只能盡可能找準其「凝結核」。拿當時的學派大小與後世的影響作衡量，道學核心之核心毫無疑問都是朱熹（1130-1200），朱學是道學的最內一環；往外擴，有程顥（1032-1085）、程頤（1033-1107）、陸九淵（1139-1193）、王守仁（1472-1529）加入，範圍相當於中國哲學史探討的「宋明理學」，這是道學同心圓的中間一圈。此外，還有最外一圈，就是回到「道學」二字的本義，亦即回到宋人自身的用法，如程頤說「自予兄弟倡明道學」、永嘉王開祖（1049-1053）說「由孟子以來，道學不明」、陸九淵說「程士南最攻道學（鑫惢按，含陸自己）」等等[1]，指向的是

1　更多宋人提及「道學」語，見土田健次郎著，朱剛譯：《道學之形成》（上海市：上海古籍出版社，2010年），頁12-17。

志道之學、求道之學、明道之學，道特指孔孟之道或聖人之道，有體有用有文，有知有行，有修己有治人。此時的道學，一下就把宋以後程朱以外的諸多學派都囊括進來──雖路徑各異，目標都在聖人之道。不少學者已認識到，談宋代儒學史，道學比理學所指更寬，更有利於表示當時學術形態之多樣以及儒者重實踐的一面，而理學一詞過度限於朱子，特別是朱子的形而上學理論。田浩（Hoyt Tillman）先生的《朱熹的思維世界》一書，用余英時先生的話說，就是「一部南宋道學史」[2]，作者利用道學範疇，除了朱熹，還將湖湘學派的胡宏、張栻，浙東學派的呂祖謙、陳亮，江西學派的陸九淵、楊簡一併收攬於筆下，而所論涉及他們的哲學思辨、立身以及社會政治活動。明代的儒林亦可作如是觀，無論是閩學之後、關學之後還是陸學之後，如羅欽順、胡居仁、呂柟、湛若水、王守仁等，都是道學，其中又有道學清談、道學行止。本書之「敵道學」，即是這個道學大圈外之環伺詬罵者。

如黃宗羲《宋元學案》、《明儒學案》所示，道學包羅百家。但另一方面也不要忘了《宋史》作者設立《道學傳》，只有程朱一派。黃宗羲以此為元人之陋，孔孟之徒只應入《儒林傳》，極力反對《明史》再修一部《理學傳》（見《移史館論不宜立理學傳書》）。此為儒家正論。但不可否認，歷史上勝出的是程朱，社會對於道學記住的是程朱，甚至只有朱熹。作為對象的道學，終究是辯證的存在，既有一個寬廣的外圈，又有程朱作為圓心。相應地，敵道學可以是敵整個道學或任何一位稱得上道學的道學家，但主要是敵程朱之學，敵朱熹。

敵之為敵，關鍵是立場不同。立場之殊，出自私利、習性、偏好、信仰、階級、地域、門戶一端的排他性，而非出自義理事實之折中。朱熹對這種現象有很好的觀察。他解釋《孟子》「言非禮義，謂

2　余英時：〈原版序〉，載田浩《朱熹的思維世界》（南京市：江蘇人民出版社，2011年），頁2。

之自暴」之「非」：「非詆禮義之說為非道……我雖言而彼必不肯聽，是不足與有言也」；「如今人要罵道學一般……他自恁地非議」（《朱子語類》卷五六）。我們命名的「敵道學」，通俗講就是朱子口中的「罵道學」。這種人，不管是非，不容商量，只是要罵，本能地反感、抗拒道學。宋以前的敵儒仇孔，舉其著者，秦始皇、李斯的「焚書坑儒」，基於法家立場，從權力頂端策動，謀求思想市場壟斷。魏晉之際的反名教風潮，如《列子》〈楊朱篇〉張湛譏仁義禮教：「以仁義為關鍵，用禮教為衿帶，自枯槁於當年，求餘名於後世者，是不達乎生生之趣也。」求短暫之趣、求個人之樂，不僅否定仁義、禮教的普適價值，甚至不承認其於局部的價值，非敵儒而何？此又基於貴族階級的享樂立場。

敵道學，就其歷史內涵而言，就是宋以後對程朱陸王的非議，而宋以前的敵儒仇孔不在其中。然而還有一種超歷史的、精神的敵道學。宋明道學不是對先秦儒學的對象式研究，它祖述堯舜，憲章孔孟，志於維護與擴大儒學的價值和聲譽。在這個意義上，任何時代、任何地域的仇儒敵孔都非道學所能容，都是敵道學。魏晉人嵇康（224-263）「非湯武而薄周孔」，阮籍（210-263）《大人先生傳》云：「如君子之禮法，誠天下殘賊亂危死亡之術耳。」如此態度與斷言，若朱熹復起，必以之為敵。日本人福澤諭吉（1835-1901）在明治維新中撰《文明論概略》，將世界分為三等，輕鄙儒家文化，若朱熹知之，必以為敵。只是道學對於敵道學，採取的手段是「不足與言」，也就是道不同不相為謀，這已經是儒家處異端最絕的方式（在異端是和平的前提下）。精神的敵道學，完全可能未聞道學之名，只要事實上反感、抵制道學主張的那種生命境界和生活方式，便成為敵道學；正如一個不知道學為何物的人，卻完全可能行道學的道。在這個意義上，連道學家、道學之徒，在人生的某些階段或某些場合也可能是敵道學，只要一念非道心，即是敵道學。這種敵道學非本書所能

論，本書要展示的，是宋以後發生在中國的敵道學，都是一些顯性的
事件，通常目標明確地針對特定道學家或道學信條。

下面有必要對那些「似是而非」的敵道學作若干說明。首先要排
除的就是王守仁及其良知學傳人對朱熹的反對。王子龍場悟道後，抱
定吾性自足，不假外求，與一眾門徒祖述陸象山，公然詰難朱子的讀
書窮理之教。這對理學圈是個震動。徽州理學家汪循（1510年前後）
與他數相辯論，批評他「妄詆朱子」。羅欽順（1465-1547）更是屢致
不滿：「（朱子）誠明兩進……。今之學者概未嘗深考其本末，但粗讀
陸象山遺書數過，輒隨聲逐響，橫加詆訾，徒自見其陋而已矣，於朱
子乎何傷？」「余自入官後，曾見近時十數種書，於宋諸大儒言論有
明詆者，有暗詆者，直是可怪」；「自昔有志於道學者，罔不尊信程
朱；近時以道學鳴者，則泰然自處於程朱之上矣」（俱《困知記》）。
詆訾、明詆暗詆、自處程朱之上，諸如此類，都是典型的敵視和不尊
敬姿態；當然，認為王門如此，這是明儒羅欽順的觀感。我們要說的
是，在現在看來，王學是道學或曰理學大家庭的重要一員，是對朱學
和陸學雙重的繼承創新，絕無敵道學可言。也許汪循、羅欽順等理學
家性格上偏保守，見王學驟然崛起，王子又一副狂態，導致反應有些
過度。實際上，王子雖狂（朱子當年也狂），說過最嚴重的話不過是
不以朱子之是非為是非，萬談不上罵詈；至於有些依附者狐假虎威，
菲薄程朱，那是另外一回事。羅欽順與王守仁一直有書信往來辯難，
類似當年朱熹與陸九淵、陳亮之間的情況，屬道學友之爭鳴。回到羅
欽順語錄中的批評，他說的是「近時以道學鳴者」。很簡單，無論當
事人與羅欽順，都自然地把面前的事視為道學內部的事。學者皆知，
王守仁一門原是以理學自立的（用語上，宋代稱道學比稱理學多，明
代稱理學比稱道學多）。一句話，王陽明是道學，後之敵王者才是敵
道學。

其次是「反理學」概念。敵道學不等於反理學，後者已是學界慣

用的一個概念，有其特定含義。學界研究的反理學，大體上指儒學內部對程朱陸王的批判，具體說是幾大學派或思潮（不排除互有交叉）：（1）南宋功利主義（陳亮、葉適等），反對朱陸的道德主義；（2）晚明以後的主情思潮（馮夢龍、紀昀等），反對程朱的理欲觀；（3）明末清初實學思潮（顧炎武、顏元等），反對程朱陸王的清談靜坐；（4）乾嘉考據學派（惠棟、戴震等），反對程朱陸王的義理發揮，反對道統說。不管怎麼樣，它們是儒學，儘管可能不認可程朱陸王權威，但都認可孔子權威。造詞上，「理學」一詞突出程朱陸王的特異之處，而「道學」顯示他們對孔子的繼承，以及與整個儒學命運的休戚與共。因此，與以上反理學不同，敵道學基本要到儒林之外找，可以是緇衣羽流，也可以是文人墨客，還可以是君主、宦官、優伶、農工商，不一而足。

　　不可否認的是，以上各派反理學，（1）一旦不知所止，是會滑向敵道學的；（2）客觀上為敵道學提供了思想資源（哪怕是被斷章取義）和輿論背景（比如被刻意曲解）。可見，反理學仍然值得注意。也許我們的任務之一，就是具體辨別反理學與敵道學。此事頗複雜，具體到一個人：或者（1），前後不一（且都是真心的），故難以簡單陳述為「他反道學（或反理學）」，而只能說，他某言或某行反；或者（2），表裡不一，說玩笑話、衝動話、違心的應景話等，五花八門，更不可一概而論。特別地，第二點需要考慮傳播後果，若後果惡劣，那也必須說，他對敵道學負有責任。舉個例子，顏元本來只是一個可商榷的反理學人物（詳見第三章），但當他說道「去一分程朱方見一分孔孟」、朱熹「千餘年來率天下入故紙堆……可謂迷魂第一、洪濤水母」，此等偏激而痛快之語，或是顏氏的某種無知或一時迎合造成，卻很容易被他人利用，為聖門受辱埋下伏筆。在深層次，此時此地說此話的、如魯迅般好做極端語的顏元，不符道學中庸之旨，直稱之為敵道學也無妨。

「五四」新文化運動人物敵儒仇孔（敵道學），他們從本國歷史勾稽一切有利元素，其中宋元明清部分連接起來，基本上就是一部反理學史。最熱衷於此的莫過胡適。二十世紀二、三十年代，胡適通過《戴東原的哲學》（1925）、《幾個反理學的思想家》（1928）、《顏李學派的程廷祚》（1935）等著作，構建了清代反理學的一個傳承譜系（顧炎武─顏元─李塨─程廷祚─戴震─吳敬梓），且重點把戴震樹為標竿，戴氏「以理殺人」一句被特意詮釋為近代知識分子（包括胡適自己）反禮教的有力先聲。儘管從學術上看，該譜系破綻百出，[3]但不妨礙它被廣泛接受。整個二十世紀，「反理學」概念每有採用者。侯外廬等人主編的《中國思想通史》（1950年代）、《宋明理學史》（1984）、姜廣輝的論文《試論理學與反理學的界限》（1982）進一步斷言了理學與反理學之間貫穿始終的「鬥爭」。反理學陣營中，除李贄、戴震這樣的典型外，陳亮、葉適、王廷相、王夫之等人都赫然在列。無論前後的意識形態如何變化，這些作者與胡適一脈相承的是，都認定反理學一方代表了進步。較近的書作則有臺灣楊儒賓《異議的意義──近世東亞的反理學思潮》（2012），引入了日本、韓國反理學的內容。這些反理學史（楊著除外），基本是五四以來「啟蒙」視野下製造的「啟蒙前史」。且不說它們誇張曲解、削足適履（硬套進化論、階級論），便假使客觀，也只是選擇性地揭示了問題的一面，而有意避開了其他面向（終為不客觀）。如胡適的戴震「以理殺人」論如何言之鑿鑿，它也不等於戴震生命中的其他時刻都與朱子過不去，與儒學過不去（詳見第三章）。

進一步地，「反理學」一詞不是不可擴大到儒家之外，如禪家對理學工夫的質疑、明清天主教士以原始儒學質疑理學等。這種情況

---

3 可參閱王汎森：〈程廷祚與程雲莊──清代中期思想史的一個研究〉，載氏著《權力的毛細管作用──清代的學術、思想與心態》修訂版（北京市：北京大學出版社，2015年），頁472。

下，本書命名的「敵道學」如何區別於反理學？此時重點在「敵」字。迄今為止的全部反理學研究，基本都是談理學的學術對立面，反理學與理學構成一種理性對話關係（或曰知識人之間的建設性批評）；換言之，反理學始終是一個學術史概念。以此之故，我們選用「敵」字，以彰顯我們要說的反道學來自政治、社會、個體生活中的不滿；換言之，敵道學是一個關乎政治史、社會史、生活史的概念。最有代表性的，市井口中「道學先生」、「衛道士」這些詞所蘊含的諷刺勁，才是敵道學。

　　終於要正面說到宋以後敵道學的基本內容了。就其本質而言，敵道學不是理智的產物，它或以情感情緒為驅動，或以權力意志為驅動，或乾脆是群眾性反智或敵視精英的結果。此三者，大致對應於道學的三種實際勁敵：一為純文學，一為獨裁政治，一為反智的下層民眾及其代言人。這一劃分，在歷史上一一皆有驗證，是我們對過往經驗的總結，但同時也可由推理得到。何以見得？道學愛「講道理」，故不為純文學所喜；道學在朝美政、在野美俗，愛「管事」，故不為獨裁者所喜；明清以後道學與統治階級聯結，故不為生活不如意的群眾所喜。這三類敵道學涇渭分明，但落實到一人一事，未必單屬某類。如某些俗文學，以作者言是第一類，以讀者言是第三類，其作品即為混合態；其甚者如文革末期流行的小人書《孔老二罪惡的一生》，更是政治敵道學、群眾敵道學、文學敵道學三者的混合體。複雜性總是有的，而本書既名為史，非個案分析，為敘述方便，一個對象一般只出現在三種類別之一中。

　　此外，不能排除尚有其他性質的敵道學。比較重要的，宗教敵道學是一定存在的，它是有史以來的佛教、道教乃至耶教、回教等，出於排他性的信仰或排他性的教團、教徒利益，對道學發動的攻擊。如沙門慧遠貶儒教、道教：「儒道九流，皆糠粃耳」（《高僧傳》〈釋慧遠傳〉）；又如歷朝皇室因崇佛修仙之故而抑制士夫、冷落名教，也在此

例。只是宗教敵道學一題值得單獨處理，並且三教衝突、儒耶禮儀之
爭等長期是研究熱點，所以本書不擬涉及。

第二節　已有的敵道學研究

　　目前為止，敵道學尚未形成專門的研究領域，有少量涉及其歷史
的著作，主要來自文學視角或政治文化史視角。

　　文學敵道學方面，龔鵬程先生的《晚明思潮》（1994）談到晚明
以後的俗文學如《笑林廣記》之諷刺讀書人、道學家事，更及公安三
袁等人年輕時之叛逆作風，提供了那個時代的大量敵道學資料。[4]由
於明中葉以後儒林與文苑在精神追求上日益分歧，探討當時的士大夫
群體就難免面對兩個陣營的衝突。如趙軼峰〈晚明士子和妓女的交往
與儒家傳統〉一文（2001）單在招不招妓一點上就生動呈現了文道雙
方的乖離，[5]讀其文者大可從中揣度到祝枝山、唐伯虎們對正統道學
作為一種道德束縛的敵視。張毅《蘇軾與朱熹》（2014），有一節說
「文士風流與儒者氣象」的不同，就反映了道學初期來自文學領域的
敵道學現象。歷史上，文人蘇軾與道學程頤是發生過實際衝突的，也
就是洛蜀黨爭事件。程蘇的敵對，林語堂《蘇東坡傳》（1947）曾為
之生動描摹，文化人多有耳聞，只是大概極少認識到它是道學歷史上
文道對立的最初事件，同時也是標誌事件。

　　政治敵道學方面，余英時先生走在前面。余氏整理分析中國古代
士大夫從道不從君傳統，成績斐然。余氏重在彰顯士大夫之不懼強
權。吾人反之，從中得到強權敵視士大夫的種種。《朱熹的歷史世

4　但龔氏要強調的不是這個，詳氏著《晚明思潮》（北京市：商務印書館，2005年），
　　第四章、第五章、附錄一。
5　詳趙軼峰：〈晚明士子和妓女的交往與儒家傳統〉，《中國史研究》2001年第4期，頁
　　143-156。

界——宋代士大夫政治文化的研究》（2003）、《明代理學與政治文化發微》（2004）二作，分別提供了宋明兩代政治層面的敵道學訊息。照余氏的分析，理學時期的道學與心學時期的道學，弘道路線截然不同；我們所關心的是，與之相對應，宋明政治的敵道學程度將如何不同。

　　還有群眾敵道學。一千年來反傳統的浪潮從而也是反道學的浪潮，以三次群眾運動為高峰：太平天國運動、五四新文化運動、無產階級文化大革命。它們有共性，均以外來思想為意識形態武器；有延續性，被認為都是「反封建」的。一部系統的敵道學史必須涵蓋近代史上的這些事件。群眾運動的可怕在於其激烈、盲目與全域性，政治敵道學能殺人，群氓敵道學也能。如二者聯手，便是最恐怖的。應該說，十九世紀中葉以來的敵道學史因與革命史相攜而行，於現代中國人而言，是個強勁的話語存在，所以似乎不陌生。只不過，從實踐來看，革命史敘述淪於教條化，必然也導致清末至共和國這段時間各式新派人物具體如何攻擊摧抑聖賢之教，多數人不甚了了。呂明灼等著《儒學與近代以來中國政治》（2004）對鴉片戰爭以後尊孔、批孔兩方面的歷史試圖作全景式的整理，搜集資料比較全，可以參考。它未寫到義和團運動的反孔以及一九三〇年代若干共產黨人領導的「新啟蒙運動」，是較大的遺漏。

　　道學之受摧抑、被污名，過去種種遭際，直接關聯於最近一千年儒學命運沉浮中不幸的那部分，其學術價值不言而喻。又因為直接關係到如何評價宋學以至整個儒學問題，所以在傳統文化逐漸復興的今日中國具有很大的現實意義。專注儒學命途下行的中國近代思想史寫作，可從國際漢學界窺得一斑。美國人 Joseph Levenson（列文森，1920-1965）的 *Confucian China and its Modern Fate*（儒教中國及其現代命運，三卷，1958/64/65）與德國人 Wolfgang Ommerborn（歐陽師，1952-）的 *Geistesgeschichtliche Forschung in der VR China: Die gegenwärtige Bewertung des Zhu Xi (1130-1200) und seiner Konzeption von Li und Qi*（中華人民共和國思想史研究：當代對朱熹及其理氣論的評價，1987）都是大部頭的著作。特別是前者，是相關領域的開拓之作，已成經典。視前述呂明灼《儒學與近代以來中國政治》一書，列文森《儒教中國及其現代命運》主題有相當雷同，但要早約四十年。它恰好作於「文革」前夕，遂未及文革中的儒教命運，是個遺憾。

　　需要特別指出的是，列文森書第一卷開頭即以文人畫為例，論證晚明及清代儒學的反職業化態度，以此定下儒學不能適應現代化從而必將被拋棄的基調。這或許是個錯誤。以蘇東坡為重要闡釋者的文人畫所代表的那種特定的文人氣質，屬於古代士人群體分化為對立的學者、文士兩部後的文士群體，即便不在文學（文藝）敵道學範疇，那也是正統儒學以外的東西，故其困境絕不等同於儒學的困境。對中國古代精英文化內部的多樣性，列文森認識不足。敵道學研究的重大作用之一，就是叫現代人妄加給儒家的假親戚，譬如文人風流，又如所謂「封建專制統治」，露出（反儒家的）真面目。

　　有了敵道學概念，讀書人會發現，中國史上的敵道學現象實在斑斑可考，宏觀的加微觀的，不勝枚舉。本書作為該領域的探路者，旨在奉獻一部簡明的敵道學史讀本，對道學之被誣、被毀、被害之事，不求窮盡，但求大端不遺，庶幾道學家之淒慘無助及儒士「雖千萬人吾往矣」之勇毅，讀者可以一目了然。筆者本人同情道學理念，對敵道學大不以為然，時時有駁斥之心，但為了學術中立，不故意誘導讀者，本書在史實部分，只單方面呈現敵道學故事，盡可能讓道學一方以及筆者意見離場。

第二章
社會對道學的負面評價
──「迂腐」與「虛偽」

明武宗正德初年，陝西提學副使王雲鳳（1465-1517）告訴我們，他那時候的道學如何被人嘲笑：

> 是道也，君子所以治身，先王之所以治天下也，而今學者諱言之，一有談及，則互相告語以為笑。⋯⋯一遇規行矩步、端言正色者，則嘲論紛起，誹謗橫生，遂使學以講道為諱。（光緒《三原縣新志》卷四〈宏道書院記〉）

講道成了忌諱，這個不奇怪，現代中國很多時候很多場合談道德也是忌諱，要有勇氣。這是古今不變的敵道學。觀王雲鳳所記，時人的嘲笑聲有兩種，一是以道學理想之高遠為迂腐，一是以道學儀容之端莊為虛偽。在敵道學的視角，迂腐與虛偽，是自古以來社會對道學的總評。

第一節 道學之「迂腐」

孔子時代已經有人說他「迂」了，而且是得意弟子說的。《論語》〈子路〉載，孔子提出為政當以「正名」為先，子路便質疑：「有是哉，子之迂也！奚其正？」子路是怪孔子不切實際，不能直接就政治論政治。以子路之賢況且認為孔子迂闊，普通人對聖學的不理解可以想見。

孔子的「正名」迂闊，程頤的「餓死事小，失節事大」豈能不迂闊？朱熹對此有清楚的預見：「（伊川）以為餓死事小，失節事大。自世俗觀之，誠為迂闊。然自知經識理之君子觀之，當有以知其不可易也。」（《朱子文集》卷二六〈與陳師中書〉）他點出「自世俗觀之」，這很重要。世俗，就是現代漢語中的社會。無論道學多麼高明，「社會眼光」會作出自己的判斷。社會中大部分是普通人，社會學告訴我們，普通人有普通人的行為模式。這個「普通人」，也包括手握大權的君主，如孟子見梁惠王，只談仁義不談利國，就備受輕視；也包括有見地的文人，如葉聖陶覺得，馬一浮「言道學而無道學氣」，「至足欽敬」，卻仍不免責備，「他的本行話未免迂闊」，「於其他皆通達，惟於『此學』則拘執」。[1] 都是關於「迂闊」。

儒者高談仁義道德、動輒堯舜周公，遂有「迂腐」之名──用今天的流行語說，「迂」者謂其高談，「不接地氣」；「腐」者謂其從古，「脫離時代」。此惡諡古已有之，但登峰造極、人人得而稱之是在有道學之後，近世以來幾乎成為「道學先生」的記號。道學家對自身易被社會視為迂闊分子的自覺，首推朱熹。除了上段引語，他還講過一個有趣的故事，說福州人黃登為某處宰，好對對子，問人：「利對甚？」云：「對害。」乃大聲云：「這便不是了。……須知道，利乃對義，才明得義利，便自無乖爭之事。」朱子評論：「此事須近於迂闊，然卻甚好。今不可多見矣。」（《朱子語類》卷一三二）以害對利是普通人，以義對利是道學家。「此事須近於迂闊」，一個「須」字，顯示朱熹對社會敵道學的必然性洞若觀火。只是道學家對這種社會眼光並不在意，朱熹的態度毫不含糊，明說以義對利「甚好」，餓死事小，失節事大「不可易」。經驗告訴我們，少數人自認其理，不能夠從眾，這種態度會進一步加強他們在世俗眼中的負面形象。

1　葉聖陶：〈嘉滬通信〉，《收穫》1983年第1期，頁139-164。

　　明代以來道學被抹上強烈的迂腐色彩，有平民聲音競起的原因（例如俗文學作品的大量湧現）——這倒不是意味著以前罵迂腐的少，而是意味著這時庸眾的行為得到了更多記錄和反映。同時也有自身的原因，其中道學宗師程頤本人，就關係甚大，儼然成為酸腐、古板、嚴厲型老先生的老祖宗。

　　後人的認識中，伊川先生程頤有個標準像——板著臉講道理，而這大約是實情。一個流傳甚廣的故事是，程頤見哲宗小皇帝折柳枝，便予以斥責，教訓了一番大道理，如仁民愛物之類，且不免搬出祖宗法度為辭。無論誰對誰錯，後人中除少數將此事與程頤以道學制衡皇權的理念聯繫起來，多數是同情哲宗，視程頤為不近人情，跟小孩過不去，矯激，乃至虛偽做作。

　　程頤入馮夢龍（1574-1646）的《古今譚概》〈迂腐部第一〉，且有兩則。一則就是〈諫折柳〉，馮夢龍有評語：「遇了孟夫子，好貨、好色都自不妨。遇了程夫子，柳條也動一些不得。苦哉，苦哉！」一則是〈心中有妓〉：

> 兩程夫子赴一士夫宴，有妓侑觴。伊川拂衣起，明道盡歡而罷。次日，伊川過明道齋中，慍猶未解。明道曰：「昨日座中有妓，吾心中卻無妓。今日齋中無妓，汝心中卻有妓。」伊川自謂不及。

馮夢龍也錄司馬光迂腐事一則，但不妨許以「大賢」（〈迂腐部〉序），對程頤則逕稱其所為「未免已甚」，可見馮氏非特摘錄一二事，而是對程頤整個人品有意見。儘管他也說「非敢為邪為謗」，但不妨不讀書之人僅憑這一二事抹黑程頤，又僅憑程頤抹殺道學。

　　在程頤的榜樣作用下，從其門人開始，道學後生模仿程頤的儀態辭氣演變成群體行為，從而達到這種程度：人們一看到「規行矩步、

端言正色」（上引王雲鳳語），馬上想到道學；或者反過來，一說到道學，馬上想到行為保守、不苟言笑、得理不饒人等等。流風所至，衛道宣教的文學作品也依著這個路數塑造主人公。夏敬渠（1705-1787）於清乾隆年間撰成長篇小說《野叟曝言》，主人公文素臣「奉名教若神明」（見〈第一回〉），一生汲汲於捍衛、發揚孔孟程朱。這部作品中，道學先生文素臣簡直是程頤的翻版。第十回，文素臣乘舟，見艙中有僧尼，便覺氣悶難忍，同行余雙人說道：「素兄心中有妓，小弟心中無妓。」道學是闢佛的，所以文素臣要闢佛，視僧尼如娼妓，羞與之同處。在作者夏敬渠看來，這種嚴正是道學的基本素質，是好的，而且重點是，要顯豁地表現出來，見於舉手投足之間。

歷史上，程頤確實嚴肅，常是一副凜然如霜模樣，似乎比較無趣。連朱熹、王守仁對他也頗有微詞。《朱子語類》卷一百三十，朱熹評二程兄弟：「明道終是和粹，不甚（如伊川般）嚴厲。」《伊川先生年譜》載朱熹評「程門立雪」故事中的程頤：「其嚴厲如此，晚年接學者，乃更平易。」換句話說，朱熹喜歡平易一點。朱熹本人是沒那麼嚴厲的。有件事值得一提，程頤是古代罕見的主動不寫詩的高級知識分子，而詩歌往往代表了一個人的才情或情趣，朱熹就寫很多詩，天性活潑，乾隆《福建通志》〈朱熹傳〉說他「天機活潑，常寄情於山水文字」。當然，朱熹說程頤晚年更平易了，這一變化很多人可能沒注意到。

王守仁對程頤的脾氣更加不滿，在論《論語》「吾與點也」章時，不忘拈出程頤做反面教材：

> 聖人何等寬宏包含氣象！且為師者問志於群弟子，三子皆整頓以對，至於曾點，飄飄然不看那三子在眼，自去鼓其瑟來，何等狂態！及其言志，又不對師之問目，都是狂言。設在伊川，或斥罵起來了。（《傳習錄》下）

行事拘謹、愛罵人，容不得任何異端狂態，真是栩栩如生。相比朱子的相對保留，陽明先生是明確要狂狷，不要拘謹的。鑒於王學一度極受歡迎，他對程頤的負面評價無疑參與了（甚至是開啟了）明中晚期程頤不良形象的構建，衍生出馮夢龍一類俗文化作品，落實為大眾的固化的集體觀感。身為道學，王陽明自然不會把程子等同於全部道學，但不妨礙別人這麼做，特別是那些不愛讀書又反感權威的人。

綜觀青史留名的道學家，像程伊川這般生性嚴厲的其實鳳毛麟角。胞兄程明道之和，朱子之趣，[2]陽明之狂，千姿百態。翻開《明史》〈儒林傳〉，人物眾多，只能找到胡居仁一人特別嚴肅拘謹：「端莊凝重，對妻子如嚴賓。手置一冊，詳書得失，用自程考。」另外明末董其昌（1555-1636）提到，東林講學領袖馮從吾「矜莊」：

> 吾黨愛周望之簡易，而憚仲好（指馮從吾──引者注）之矜莊，不敢以狎進，私戲之曰「此食生豿（豚）肉者」，謂其有意於兩廡之間也。（《容臺集》文集卷一〈馮少墟集序〉）

董其昌友人周望之戲謔馮從吾想吃冷豬肉，是譏諷他憧憬死後從祀孔廟。周望之從忌憚馮從吾的矜莊到揣度馮從吾有意身後之名，等於是說道學的虛偽。這代表了大眾的思維習慣。胡居仁、馮從吾都是程朱一派，自從程頤示範於前，道學對氣質本莊肅者會格外有吸引，其他人則更多是做樣子。真誠者尚不免譭謗，模擬者更可想見。

若能平心看待，程頤身上呈現的那種緊張感本是儒家所認可，王陽明非之不是。孔子的「出門如見大賓，使民如承大祭」，說的就是這種緊張。如上引陽明話語所示，聖人對話四名弟子時，前三名都是

2　可讀陳榮捷：〈朱子之幽默〉，載氏著《朱子新探索》（臺北市：臺灣學生書局，1988年）。

「整頓以對」。第四名曾點的灑脫反映了更高的境界，然而此三人也有可取之處。同理，程頤與程顥，一個心中有妓，一個心中無妓，一個「整頓」，一個灑脫，氣質有殊，境界有別，然俱能容於道學。世人惡莊嚴，喜瀟灑，乃因瀟灑近於放縱，便於逸樂。這是世情之常。

茲略為程頤的「不通人情」一辯。嚴於禮法、講究原則其實是健康社會的必要素質。焦竑，「中國封建社會後期的第一個啟蒙學派」（侯外廬語），乃泰州學派的代表之一、狂禪李贄的摯友，按說應該是最要自由、不拘格套的，實則不然。據黃宗羲《明儒學案》〈泰州學案四〉，焦竑萬曆時為東宮侍講，「嘗於講時有飛鳥鳴而過，皇太子目之，先生即輟講，皇太子改容復聽，然後開講。取故事可為勸戒者，繪圖上之，名《養正圖解》。」此與程頤故事大同小異，焦竑之嚴肅認真可見一斑。試想，若此情境下焦竑不能站穩師儒的尊嚴，聽皇太子為樂，甚至一同嬉戲，則皇儲之教育無從談起。其他情境亦如是。

第二節　道學之「虛偽」

「偽」或「虛偽」，是敵道學者酷愛的形容詞，「偽道學」是其口頭禪。道學與偽字頻繁掛鉤，濫觴於南宋慶元黨案前後敵道學者對朱熹的攻擊。分析起來，短語「偽道學」的定語「偽」字，可以是限定性的，此時「偽道學」的所指是真偽兩種道學中偽的那種；也可以是非限定性的，此時「偽道學」的所指就是道學本身。為了區分二者，我們用「偽的『道學』」和「偽的道學」分別表示。

偽的「道學」等於說「道學有偽」，它並不構成對道學的攻擊，相反，是道學中人對投機分子的辨別。較早闡述這一層真偽的，有宋末的周密（1232-1298）。其《齊東野語》卷十「道學」條，論南宋中期的道學圈子，以張栻、呂祖謙、朱熹、張九成、陸九淵等為道學正傳，接著便說：

世又有一種淺陋之士，自視無堪以為進取之地，輒亦自附於道
學之名。裒衣博帶，危坐闊步。或抄節語錄以資高談，或閉眉
合眼號為默識。而扣擊其所學，則於古今無所聞知；考驗其所
行，則於義利無所分別。此聖門之大罪人，吾道之大不幸，而
遂使小人得以藉口為偽學之目，而君子受玉石俱焚之禍者也。

這段文字的背景正是慶元黨禁：黨禁發生前，以朱、張、呂為首的道
學蓬勃發展，依附者眾；至黨禁來臨，道學被權臣冠以「偽學」之
名，一網打盡。周密這裡對當時混入道學的虛假分子描摹得夠清楚
了。他未及聞見的是，他之後這種虛假之人仍是代代有之。王陽明批
評明代假道學氾濫的情況：「後世良知之學不明，天下之人……外假
仁義之名，而內以行其自私自利之實，詭辭以阿俗，矯行以干譽。」
（《傳習錄》中〈答聶文蔚〉）雖原其本意，偽冒道學者是以道學為美
名，欲藉以取名利，客觀上卻不能不承認，道學圈混入這等偽劣成
分，必然敗壞名聲、授人把柄。因此周密才會說偽的「道學」是「聖
門之大罪人，吾道之大不幸，而遂使小人得以藉口為偽學之目」。

　　除了這種投機偽劣的道學，還有一種相對無害的偽的「道學」，
那就是「鄉愿道學」，俗稱好好先生、老好人。鄉愿之為偽，在於它
有善人的名聲，剽襲中庸的美名，幾可錯認為仁者。嚴格意義上的
「偽君子」，主要就是鄉愿。孔孟皆闢鄉愿，甚至揭狂狷之教以防
之，謂倘不能真正合於中道，寧可為狂狷。自古鄉愿特多，構成了社
會學層面的中庸精神，以至於在俗語中「中庸」二字竟為貶義。明代
陽明學興，大倡狂狷，東林之士承其流風，對當時的鄉愿很警覺。黃
宗羲謂顧允成「平生所深惡者鄉愿道學」。顧允成表示：「此一種人，
占盡世間便宜，直將弒父與君種子，暗布人心。學問須從狂狷起腳，
然後能從中行歇腳。」當時的鄉愿道學，表面上如程朱陸王一般熱愛
講學，實則「在縉紳只明哲保身一句，在布衣只傳食諸侯一句」（以

上《明儒學案》〈東林學案三〉）。

　　偽的道學等於說「道學是偽」，是對道學價值與道學人物的整體否定。其義有二，一是把道學的抱負、訓誡、軌範等一概視為虛偽，認定道學所講的仁義道德、治國平天下的一套無法實現，背離現實世界的常軌，所以道學是務虛，是偽。這種偽也就是「迂闊」，而「迂闊」二字算好聽的。這裡所謂現實世界的常軌，其背後是庸眾的常規認知與他們對非常態的排斥。王陽明在這方面有獨到體會。他在〈答聶文蔚〉信中對門人感慨：

> （我）每念斯民之陷溺，則為之戚然痛心，忘其身之不肖，而思以此救之，亦不自知其量者。天下之人見其若是，遂相與非笑而詆斥之，以為是病狂喪心之人耳。

直接被世人當成了精神病，可見道學抱負之不被人理解。世人的心態就是，你說要拯救我，我還不願意被你救呢！何況其中一部分人，如朝廷的政客，本是現行秩序的既得利益者，更加不願有所變更，見陽明此等欲翻天覆地的雄心，焉能不肆意詆斥？

　　道學之偽的第二義，是以道學人物為偽，指責他們言行相違、表裡不一，所謂偽君子、偽名儒。這種情況下，道學理論到底如何並不重要，重要的是道學的載體──「道學家」說一套做一套。這是比上述第一義流傳更廣的觀念，也是「偽」的基本義──對多數人而言，論斷一個人比論斷一套理論要容易且有趣得多。《明儒學案》〈白沙學案下〉〈給事賀醫閭先生欽〉記載：「天下議白沙（陳獻章）率人於偽，牽連而不仕，則以先生（賀欽）為證。」賀欽是陳獻章（1428-1500）門生。這句話的背景是，陳獻章門下，包括賀欽，「多清苦自立，不以富貴為意」（〈白沙學案上〉）。世人認為，儒者愛當官，卻故意推脫，這不是偽是什麼？同樣，朱子屢屢辭官，慶元黨案中也被當

作他的「偽」跡之一。

　　後面我們將看到，江湖流傳的道學「惡人榜」上，朱子正是頭號「偽儒」，正如程頤是頭號「腐儒」。朱子之為「偽」，套用魯迅的狂人狂語，就是「滿嘴仁義道德，一肚子男盜女娼」，罪惡之極。據傳聞，朱熹狎尼姑、偷媳、虐待老母，壞事做盡。這當然都是謠言，其源頭是慶元黨案中政敵的編排（詳後）。謠言一旦被信以為真，道學的核心人物做著人間最齷齪的事，道學哪能不被詛咒？有一點很值得玩味，按照大眾心理，這種巨大的反差恰是大眾「喜聞樂見」的，他們得到類似訊息時，會像吸毒一樣感到興奮。換言之，人們寧要一個齷齪而可嘲笑的朱文公，也不要一個無可挑剔的朱元晦，這是一種群眾性消費心理。至於反差的形成，顯然又與道學理想的高難度有關──理念之高與行事之卑，對照之下才有反差。這就回到道學之「偽」的第一義了。正是道學理念的崇高留下了道學人物被冠以「偽」字的可能。如盜跖，絕不會有人說他虛偽。

　　社會上，偽的「道學」與偽的道學匯流，於是有籠統的「偽道學」之名。慶元黨禁逕稱程朱道學為「偽學」，道學即偽學，語義明晰，後人不難辨其武斷。而廣泛流傳的「偽道學」（或「假道學」）三字卻是駁不倒的，它混淆偽的「道學」與偽的道學兩種可能，無論如何都可以據前者成立，因為偽冒道學者一定存在，不可否認。不難發現，不少人故意在模稜兩可的意義上使用「偽道學」一詞，不加區分，在模模糊糊之中造成只有偽道學沒有真道學的印象，即道學即偽學。這樣一來，道學先生、道學家、道學之士、衛道士等等名詞，不論誠心之有無，不論水準之高低，一概與虛偽掛鉤，將使無人敢稱道學，無人敢言仁義禮法。「道學」二字的貶義化、污名化，可謂敵道學的最高成果。至明代，道學多以「理學」名義活動，「道學」二字已漸稀少。至五四時期，「道學家」云云，基本已成人們嘲弄的笑料。這是敵道學的泛化，是量的一種發展。而從質上說，魯迅嘲笑道

學家見《紅樓夢》就想到淫（〈《絳洞花主》小引〉），與明人嘲笑伊川不近妓女，二者誰也不比誰更具善意。

第三章
政治敵道學

　　政治敵道學，其前史中的重大事件有秦之焚書坑儒、漢末之黨
錮。東漢桓靈之際的黨錮，閹人近習虐殺士大夫，是中國古代「獨尊
儒術」之後儒家第一次大慘案。宋明以降，道學獨尊的外表之下，道
學、道學家之被朝廷禁毀迫害，無代無之，其被敵視程度比之秦漢有
過之無不及。重大事件包括：北宋元祐黨案、南宋慶元黨案、明張居
正鎮壓講學、東林黨案、清乾隆禁書，以下史述即圍繞它們展開。

　　政治敵道學，根本上是權力意志作祟，若要定位到歷史舞臺上的
具體角色，則以暴君、宦官、近習、權相為要，他們在不同時期，或
聯合或獨自，充當著政治敵道學的舵手。《野叟曝言》光緒八年「西岷
山樵」序中說道，該書「窮極宦官、權相、妖僧道之禍」。這等於是夏
敬渠認定的敵道學勢力列表，其中：妖僧道是宗教敵道學，茲不及；
宦官、權相是政治敵道學，夏氏未及帝王，因為身處盛清他不敢寫。

第一節　宋代的政治敵道學

　　當宋神宗、王安石的熙豐變法成為過去，十歲的哲宗嗣位。元祐
年間（1086-1094），太后聽政，司馬光為相，他們重用反對變法之
人，在野講學的處士程頤也因此入朝任崇政殿說書（在元祐元年）。
這是道學第一次正式登上政治舞臺，它是如此鮮明，隨即便招來攻
訐。李心傳《道命錄》卷一載〈孔文仲劾伊川先生疏〉，論程頤教誨
幼年皇帝之非：「上德未有嗜好，而常啟以無近酒色；上意未有信
向，而常開以勿用小人。」所論乃道學教人的斤斤於存理去欲的「涵

養」工夫，程頤以及後來的朱熹都重視「小學」，認為幼年是涵養的好時節。但孔文仲視此為「矯欺」。程頤對皇帝說：「雖孔子復生，為陛下陳說不過如此。」又曾因皇帝咳嗽而罷講。在在顯示出他的自信，以及以師道自命。此亦與他的士大夫與天子共治天下的政治觀念契合。然而孔文仲極看不慣這些，稱之為僭越、為惑亂。他甚至進行人身攻擊，說程頤「人品纖污，天資憸巧，貪黷請求，元無鄉曲之行。」[1]這當然是誣詞。孔文仲之劾在元祐二年八月，他放言：「伏望論正頤罪，倘未誅戮，且當放還田里，以示典刑。」疏上，程頤被貶出朝，赴任「權同管勾西京國子監」。但他自己的願望是辭官歸田，遂接連上章乞致仕，但未得准許。程頤被黜後，尚有右正言劉安世在朝中排詆程頤學說，觸媒很可能是反感程頤身上「小題大做」的道學氣——聽說他批評過小皇帝春天不該折柳枝。儘管李心傳已考證過此事莫須有（見《道命錄》），但道學之好生惜春千真萬確，例如周敦頤就說窗前草不忍除去，這就給人留下了發揮的空間。

孔文仲攻訐程頤，出自蘇軾的誘脅（李燾《續資治通鑑長編》卷四〇九元祐三年三月戊辰條）。也就是說，道學與文學的根本衝突，才是道學甫登場即受謗的大背景。程、蘇都在朝，各有一幫追隨者，遂使二人的文道衝突演變為政治性的洛蜀黨爭。此事留待「文學敵道學」一章去說。

後來，哲宗親政，反元祐之道而行之，新黨東山再起，元祐學術各派的大禍才來臨。學者說道：

1　宋代最有名的誣人私德，應該是朱熹被胡紘及沈繼祖誣陷一事。但類似的事北宋已有，宋英宗治平年間「濮議之爭」，執政、臺諫兩黨相爭，臺諫一黨爭之不得，便憤而誣人私德，至謂執政韓琦交中官，歐陽修盜甥女。臺諫包括司馬光、范純仁、呂大防等人，他們的個人品格並不壞。所以如此，主要是臺諫制度使然，特別是「風聞言事」的制度設計。詳沈松勤：《北宋文人與黨爭》（北京市：人民出版社，2004年），頁98-99。

紹聖（1094-1098）以後，新黨為了「紹述」王安石新法，恢復了「荊公新學」的政治地位，並在全面排擊和驅逐元祐黨人，以及實施元祐黨禁的同時，出現了全面禁毀「元祐學術」的局面，造成了繼秦始皇焚書坑儒以來的又一次人為的文化大劫難。[2]

這是連著徽宗朝來說的，因為徽宗朝繼承了哲宗的「紹述」政策，且變本加厲。元祐學術之禁，程頤的洛學在其中，但首當其衝的是當時更具影響的司馬光史學、三蘇文學。[3]元符三年（1100），徽宗初立，元祐黨人短暫復蘇。從崇寧元年（1102）始，在權相蔡京等人的主導下，元祐黨人又陸續被降責，端禮門立石，刊「元祐奸黨」姓名。崇寧二年（1103）九月，全國各路州軍遍立「元祐奸黨碑」。在黨籍者共九十七人，程頤在第四等「餘官」之第二十三位。崇寧三年（1104）四月，重定黨籍，元符末「奸黨」併入元祐黨籍，通三百九人，刻石朝堂。系籍者五服之內的親屬，出仕皆有限制。

單說洛學一系。據《道命錄》卷一、卷二，當哲宗紹聖之際黨事起後，程頤因元祐中得司馬光推薦，遂名列「奸黨」。四年（1097）二月，追毀出身以來文字，放歸田里。十一月，被河南府收押，送涪州編管。程門楊時說，伊川「以罪流竄涪陵，其立言垂訓為世大禁，學者膠口無敢復道」（〈中庸義序〉）。徽宗元符三年（1100）二月，部分被流竄之人敘復，程頤移陝州編管。四月，程頤復宣德郎，並恢復人身自由，不再被編管。十二月，復通直郎、權判西京國子監，也就是罷經筵之後的職務。此後新黨重新上臺，好景不再。崇寧元年（1102）五月，程頤終於被免官致仕。崇寧二年（1103）四月，開始禁毀元祐

---

2 沈松勤：《北宋文人與黨爭》，頁173。

3 以下關於元祐黨禁的資料除另注者，皆出自楊仲良：《皇宋通鑑長編紀事本末》卷121〈禁元祐黨人上〉、卷122〈禁元祐黨人下〉。

黨人著作。殿中侍御史范致明論程頤被黜期間入山著書，疏奏：

> 通直郎致仕程頤學術頗僻，素行譎怪，專以詭異，聲瞽愚俗。
> 頃在元祐中，……進迂闊不經之論，有輕視人主之意。議法太
> 學，則專出私見，以變亂神考成憲為事。

四月三十日，詔：「程頤追毀出身以來文字，除名。其入山所著書，
令本路監司常切覺察。」此為伊川之學第二次被禁。程頤的政治分量
本不重，言官在抓住他的反神宗辮子之外，更多筆墨放在其言論學術
上，謂其「僻」，謂其「怪」，謂其「迂闊」。可見，道學此時在朝廷
受排擠，除了新舊黨爭之故，相當一部分是因其一貫特殊的精神氣質
而被當作異類。范致明又有「私議害國」、「私智非上」、「處士橫議」
之語，可見又有法家禁人議政的思路。

　　崇寧五年（1106）正月，借著一次星變的機緣，有詔，元祐黨人
「可復仕籍，許其自新。朝堂石刻，已令除毀。如外處有奸黨石刻，
亦令除毀。」程頤，敘復宣義郎，依舊致仕。但「紹述」之基本國策
未變，故至大觀元年（1107），仍有諫官范致虛上言：「程頤倡為異
端，尹焞、張繹為之羽翼。」（《和靖集》卷八〈尹焞年譜〉）致虛正
是上述致明之弟。既以程頤為異端，就是以朝廷紹述的王安石新學為
儒門正統，以程頤道學為假冒。

　　蔡京於崇寧元年拜相，二年七月即頒行全國新學制，私人不得聚
徒講學，元祐學術政事一概不許傳授。十一月又有言者論私學不絕，
乞嚴禁，特以程頤為言。論政事，程頤不重要；論講學，則程頤最突
出。李心傳總結，元祐學術政事之禁凡二十四年，至金人圍京師乃罷
（《道命錄》卷二）。蔡京增廣官辦學校，眾建師儒，同時禁私學，以
程頤等個人傳授之儒學為「邪說詖行」，力行禁止，是實實在在的陽
儒陰法之舉。王安石的新學及紹述新學的蔡京政治，楊時當時的評價

是：「假六藝之文以濟其申商之術。」（〈南劍州陳諫議祠堂記〉）申
者，申不害；商者，商鞅。

宋室南渡，道學亦已南渡。高宗「最愛元祐學術」，加上宰相趙
鼎祖護二程，道學的政治環境大為改善。後趙鼎罷相，張浚獨相期
間，紹興六年（1136）便有左司諫陳公輔上疏論劾伊川之學，有言，
朝廷之臣相率從「伊川學」，「狂言怪語，淫說鄙喻，曰『此伊川之
文』；幅巾大袖，高視闊步，曰『此伊川之行也』」，要求「屏絕之」。
此舉使陳公輔成為「南宋禁道學的先鋒者」。[4]後趙鼎復相，陳公輔也
很快被罷免，其議不果行。

繼之而來的是「紹興黨禁」──自紹興十一年（1141），秦檜獨
擅朝政，十四年（1144）開始嚴禁二程道學，程度不亞於崇寧黨禁，
直到二十五年（1155）秦檜死。起因是道學人士如尹焞等力反秦檜和
議。紹興之禁專門針對道學，說明道學勢力大起來了。《道命錄》卷
四記紹興十四年高宗語秦檜：「王安石、程頤之學各有所長，學者當
取其所長，不執於一偏。」此語反映道學已一躍成為王學的主要對
手。秦檜沒有看到道學之「長」，反而向高宗暗示它是「專門之陋」。
嗣後便有殿中侍御史汪勃奏言，要求科場去「專門曲學」。右正言何
若跟進，再申「專門曲學」之禁，且明言是伊川之學，兼及張載的
《正蒙》、劉子翬的《聖傳十論》。自秦檜以「專門之學」指罵道學，
十幾年中，附勢者前後相續，或謂之為異端邪說，或攻道學人士互相
標榜交結、私為黨與，不一而足。「專門之學」這個稱謂，上引陳公
輔的證詞可以很好地解釋──「此伊川之文」、「此伊川之行」云云，
意味著道學的學問形態以及實踐形態辨識度非常高，從學者宗派意識
特別強烈，於非道學之士看來，便成「專門之學」。秦檜主王學，故
其打壓程學之舉，某種意義上也是學術爭鬥。然而正如李心傳所言，

4　語見沈松勤：《南宋文人與黨爭》（北京市：人民出版社，2005年），頁41。

秦檜既不真懂二程道學，也不真懂荊公新學。王荊公之學並不必然贊成高宗、秦檜的和議「國是」，而秦檜拜相之初也優容過道學，道學之終於被禁，根本上乃因其不能奉承反而威脅主政者依靠「和議」政策維持的權力。

孝宗乾道年間（1165-1173），以孝宗潛邸舊人曾覿、龍大淵為首的近幸集團受寵，道學集團與之嚴重對立，激烈較量，卻往往失敗。淳熙年間（1174-1189），道學人士倡為清議（也就是批評政治），令孝宗不喜（《建炎以來朝野雜記》乙集卷三「孝宗論不宜有清議之說」）。

下來便是最終釀成慶元黨禁的一系列事件。余英時先生的觀點是，這些事件是理學集團與職業官僚集團鬥爭的表徵，理學集團要革新朝政，職業官僚集團則以維護現狀與保守自身利益為目標。[5]理學集團可以朱熹為中心進行理解，而職業官僚集團不存在不變的人員構成，主要人物前後為孝宗時的王淮、光宗寧宗時的何澹與京鏜。此外，與皇帝私交密切的近習如曾、龍輩，往往能利用特殊的機會給道學群體巨大的打擊，而更顯著的例子即是慶元黨禁的主角韓侂胄，他不是功名出身，不屬於士大夫，卻掌握了軍政實權。

導火索由朱熹點燃。淳熙八年（1181），浙東大饑，朱熹被任命提舉浙東常平茶鹽公事，九年，奏台州知州唐仲友不法事，執著地上章十道，直到仲友被罷，而後自己也辭官奉祠。朱熹的行為觸怒了與唐仲友相善的宰相王淮。《宋史》〈王淮傳〉：

> 淮素善仲友，不喜熹，乃擢陳賈為監察御史，俾上疏言：「近日道學假名濟偽之弊，請詔痛革之。」鄭丙為吏部尚書，相與協力攻道學，熹由此得祠。其後慶元偽學之禁始於此。

5 余英時：《朱熹的歷史世界──宋代士大夫政治文化的研究》（北京市：生活·讀書·新知三聯書店，2004年），下冊。

換言之，假設朱熹自願做個太平官，他不會成為眾矢之的。王淮淳熙八年拜右丞相，九年拜左丞相，十五年（1188）罷左丞相。以下事件發生在王淮為相期間。

淳熙九年（1182）十一月，[6]王淮黨人鄭丙上疏謂：「近世有所謂道學者，欺世盜名，不宜信用。」（《道命錄》卷五）李心傳《建炎以來朝野雜記》乙集卷八「晦庵先生非素隱」條：「吏部鄭尚書丙，與台守（唐仲友）善，首以道學詆先生。」從「專門之學」到直接以「道學」為名目進行打擊，是一大變化。所以如此，必定是此前道學人士已廣泛自稱道學。

淳熙十年（1183）六月，監察御史陳賈奏言：「近世縉紳大夫有所謂道學者」，「相與造作語言，互為標榜」，「植黨分明」；他們實則「假其名以濟其偽」；「言行相違，是之謂偽」，「孔子之誅少正卯，誅其偽也」。陳賈請求把道學之人擯斥勿用（以上見《道命錄》卷五）。陳賈由王淮指使，雖未點名朱熹，但明眼人都知道他的矛頭所向。陳賈所論並不及朱熹提舉浙東常平茶鹽任上的具體是非，只拿道學說事。

七月，彭仲謙上言，辯護朱熹劾唐仲友一案，被人「睥睨」，後遭劾論（《陸象山全集》卷七〈與朱元晦〉）。彭仲謙（1143-1194），字子復，永嘉人，時為國子監丞，呂祖謙是其理學啟蒙師，葉適撰有《彭子復墓誌銘》。[7]

淳熙十一年（1184）正月，有不知名貢舉試卷官主張道學，以道學為取士標準，「得罪」（《陸象山全集》卷七〈與朱元晦〉）。

三月至五月，陳亮因在鄉宴上毒死鄉人，繫大理獄。此案實有政治鬥爭為背景，陳亮謂：「亮今歲之事，雖有以致之，然亦謂之不幸可也。當路之意，主於治道學耳，亮濫膺無須之禍。」（《陳亮集》卷二十〈又甲辰秋書〉）所以如此，乃因在當權者看來，陳亮是道學，

6　此時間之考證見束景南：《朱子大傳》（福州市：福建教育出版社，1992年），頁559。
7　余英時：《朱熹的歷史世界──宋代士大夫政治文化的研究》，下冊，頁464-466。

抑或是準道學，抑或親近道學，總之與道學有關。

淳熙十三年（1186），陸九淵由敕令所刪定官（屬尚書省）轉宣義郎，除將作監丞，給事中王信論駁，乞罷之。十一月二十九日陸九淵罷職，主管台州崇道觀，隨即回到江西老家過講學生活（《陸象山年譜》）。余英時考證，王信是王淮執政集團的積極支持者，其論駁的幕後就是王淮。[8]先是，淳熙九年，陸九淵有語：「程士南最攻道學，人或語之於某，程云：『道學如陸某，無可攻者。』」（《陸象山全集》卷三五〈語錄下〉）

淳熙十四年（1187），言者論衡州知州劉清之「以道學自負」，劉清之遂於十二月二十七日罷職，主管華州雲臺觀（《宋會要輯稿》之〈職官〉七二之四八）。劉清之，字子澄，《宋史》〈儒林傳〉有傳，《宋元學案》〈清江學案〉有學案，朱熹有〈祭劉子澄文〉。[9]

淳熙十五年五月王淮罷相後，反道學的官僚勢力或者直是王淮舊黨羽，或代際傳遞、新人輩出，總之沒有消失。[10]

淳熙十五年（1188）六月，兵部侍郎林栗點名抨擊朱熹：

> 熹本無學術，徒竊張載、程頤之緒餘，以為浮誕宗主，謂之「道學」，妄自推尊，所至輒攜門生十數人，習為春秋戰國之態，妄希孔孟歷聘之風。繩以治世之法，則亂臣之首，所宜禁絕也。（《道命錄》卷六）

朱熹被除為兵部郎官，林栗認為他推脫腳病，「不肯供職，其偽有不

8　余英時：《朱熹的歷史世界——宋代士大夫政治文化的研究》，下冊，頁469、頁472。

9　劉清之一案始末，詳見余英時：《朱熹的歷史世界——宋代士大夫政治文化的研究》，下冊，頁473-483。

10　孝宗、光宗、寧宗三朝的官僚集團之間的傳承，見余英時：《朱熹的歷史世界——宋代士大夫政治文化的研究》，下冊，第十一章。

可掩者」。主旨就是一個「偽」字。數日前，林栗與朱熹論《周易》不合，其從者已向孝宗論劾過朱熹欺瞞。這次則幸有宰相周必大等多人為朱熹辯護，林栗被罷了兵部侍郎，出為知泉州，惟朱熹自己也一再辭職。林栗之劾，朝廷震動，宣教郎、太常博士葉適站出來上封事為朱熹辯誣，以為林栗所言，無一實情。又說，關於「道學」，「利害所繫，不獨朱熹，臣不可以不力辨。」蓋葉適也自認道學中人。他回顧了王淮時候的事：

> 近忽創為道學之目，鄭丙唱之，陳賈和之，居要路者，密相付授，見士夫有稍務結修，粗能操守，輒以道學之名歸之，以為善為玷缺，以好學為過愆，相為鉤距，使不獲進，從旁窺伺，使不獲安。……往日王淮，表裡臺諫，陰廢正人，蓋用此術。

林栗以爭《周易》而懷恨朱熹，似乎是要較量學術，然而葉適的陳述反映，他的攻訐延續了王黨的作為與陰謀，實際目的是阻止道學圈的人掌權，哪怕是話語權（參考之前孝宗之不喜道學清議）。

淳熙十六年（1189），孝宗內禪。光宗繼統後，有右正言黃掄攻道學。紹熙元年（1190）二月，殿中侍御史劉光祖上奏，痛斥以道學朋黨為罪名摧抑正人之風。《道命錄》卷六李心傳記曰：「劉公入對，復論前諫議大夫陳賈、今右正言黃掄，憸黠佞柔，清議所非。」結果「出賈與祠，掄補郡」。總的來說，自孝宗淳熙末至光宗紹熙五年六月，道學集團地位較為平穩，甚至頗能反攻對手。儘管如此，林栗等人的行為，為寧宗時期的慶元黨禁做了很好的鋪墊。

寧宗繼位後，丞相趙汝愚大力迎攬名士，紹熙五年（1194）十月，朱熹出任煥章閣待制兼侍講，首次躋身中朝。他給皇帝當老師，也是程頤的那一套「與君共治」的高昂姿態，「事事欲與聞」，特別地，批評近習用事，使寧宗的跑腿韓侂胄大怒，最終立朝只四十日即被內

批（不經朝廷）逐去（待制職名暫時保留）。時在閏十月。《宋史》本傳載，韓侂冑「使優人峩冠闊袖，象大儒，戲於帝前，因乘間言熹之不可用。罷熹經筵。」據《道命錄》卷七上，此優人名叫王喜，大儒即朱熹。「峩冠闊袖」，即上述伊川之徒所服的「幅巾大袖」，是當時道學人士的獨特衣冠。當逐朱內批行下，給事中樓鑰、中書舍人鄧馹、起居郎劉光祖、中書舍人陳傅良、工部侍郎兼侍講黃艾、吏部侍郎兼侍講孫逢吉先後勸寧宗留下朱熹。朱熹自己去意堅決，辭待制職名，乞致仕，一而再，再而三。慶元元年（1195）十二月，朱熹罷待制、仍舊秘閣修撰提舉鴻慶宮的誥詞行下，其中有「大遜如慢，小遜如偽」之語，以朱熹的謙遜為詐偽，等於又多一條罪狀。

慶元元年（1195）二月，道學領袖朱熹已被逐之際，道學護法趙汝愚也被韓侂冑安排言官李沐構陷而罷相。韓黨何澹、胡紘再接再厲，趙被貶永州，慶元二年正月死於途中。趙汝愚罷相前，右正言黃度、吏部侍郎彭龜年試圖揭發韓侂冑之奸，被罷官。趙汝愚罷相後，兵部侍郎章穎、國子祭酒李祥、博士楊簡、太府寺丞呂祖儉、中書舍人鄧馹以及太學生數人，皆因論救趙汝愚而被貶斥。朱熹此刻尚有待制職名，也想救趙，草擬封事數萬言，極陳奸臣蔽主之禍，為趙鳴冤。此乃取禍之道，故門人交相攔阻。朱熹不聽，最後蔡元定卜卦得「遯」之「同人」，朱熹無奈之餘只好把稿燒了（清代袁枚頗以此譏朱熹無勇，詳「文學敵道學」章）。

六月（畢沅《續資治通鑑》卷一五四），右正言劉德秀上言：「邪正之辨，無過真與偽而已。彼口道先生之言，而行如市人所不為，在興王之所必斥也。……臣願陛下以孝宗為法，考核真偽，以辯邪正。」由是國子博士孫元卿、袁爕、國子正陳武皆罷。司業汪逵入剖子辯之，德秀以逵為狂言，亦被黜。

七月，御史中丞何澹奏言：「頃歲有為專門之學者，以私淑諸人為己任」，附之者眾，又說「真聖賢之道學」是不為偽行、不為空

言，而那些專門之學者沽名釣譽，且有唐牛李朋黨之患。何澹是前述早期反道學人物陳賈的內侄。[11]他遠紹高宗時陳公輔非議伊川學術之事，望朝廷用人時「去偽存真」。看得出來，何澹這裡，「道學」不是罪名，而是美名，是孔孟之學。觀其語意，只是要剔出專門私淑二程等的小團體，定之為「偽」。何澹等於是左手從道學人士身上剝奪「道學」二字，右手隨即把「偽」字刻到他們額上。這種扣帽子行為是韓侂冑集團的一個策略，知名之士不可一一誣以罪，一律以「偽」字目之則可一網打盡。關於韓侂冑集團，南宋託名滄洲樵叟的《慶元黨禁》一書說：「（京）鏜、（劉）德秀在侂冑之門，最為凶險。侂冑未顯時，惟二人與之深交，及用事，所為暴悖，皆二人教之。」

慶元二年（1196）正月（《續資治通鑑》卷一五四），右諫議大夫劉德秀劾前丞相留正四大罪，首言留正倚「偽學之徒」以危社稷。留正落職罷祠。「偽學之稱，蓋自此始」（《道命錄》卷七上〈劉德秀論留丞相引偽學之徒以危社稷〉條跋語）。罪名從「專門之學」到「道學」，再到「偽學」，是南宋政治敵道學的重要線索。

正月二十日，趙汝愚卒於衡陽，天下冤之。二十七日，有旨復原官，許歸葬。中書舍人汪義端「以趙丞相門多佳士也，引唐李林甫故事，欲根株斷除之，一時善類貶斥相繼」。

二月（《續資治通鑑》卷一五四），端明殿學士葉翥知貢舉。同知貢舉、右正言劉德秀言：「偽學之魁，以匹夫竊人主之柄，鼓動天下，故文風未能丕變。請將語錄之類盡行除毀。」故是科取士，稍涉義理者，悉皆黜落；《六經》、《語》、《孟》、《中庸》、《大學》之書，為世大禁。據《道命錄》卷七上，省闈知貢舉葉翥、倪思、劉德秀皆奏論文蔽，復言「偽學之魁，以匹夫竊人主之柄」云云；事在慶元二年十二月後，同時有張貴模指論太極圖說之非。可見，具體攻擊道學

11　見余英時：《朱熹的歷史世界——宋代士大夫政治文化的研究》，下冊，頁640。

學術的不止劉德秀一人。政壇驅逐了主要的道學勢力，則自然轉向清理其精神遺產。

六月，由於一年多來逐人太多，有御筆要求「救偏建中」，以約束黨爭，卻遭牴觸。牴觸者包括劉德秀以及監察御史姚愈、張伯垓，而最積極的是韓侂胄的鷹犬胡紘。八月，太常少卿胡紘上書反對調停，說：「比年以來，偽學猖獗，圖為不軌……。賴二三大臣臺諫，出死力而排之，故元惡殞命（鑫恣按，指趙汝愚），群邪屏跡。」他請求：「凡學之黨，曾經臺諫論列者，並與權住進擬。」也就是說，不能以「救偏建中」名義重新起用被貶斥的人。胡紘奏後兩天，即升遷起居舍人。又過兩天，唯一激賞過「救偏建中」御筆的殿中侍御史黃黼被罷官。

十二月，監察御史沈繼祖以胡紘草就的奏章上聞：

> 臣竊見秘閣修撰、提舉南京鴻慶宮朱熹……剽張載、程頤之餘論，寓以吃菜事魔之妖術，以鼓簧後進……收招四方無行義之徒，以益其黨伍，相與餐粗食淡，衣褒帶博。……潛行匿跡，如鬼如魅……。以匹夫竊人主威福之柄，而用之於私室，飛書走疏，所至響答。

朋黨云云，「匹夫竊人主威福之柄」云云，是老調，針對的是道學的團體化以及道學清議行為帶來的社會輿論影響。「吃菜事魔」、「餐粗食淡」云云是新創，意在建構怪異的朱熹個人形象。總之，是為了引起掌權者的噁心與戒心。據李心傳，朱熹平日待學子只有糙米飯，茄子熟時配茄子，胡紘曾到武夷精舍拜謁朱熹，也是如此招待，令其很不高興，回去就跟人說：「此非人情。」朱熹當然不是食素修行的明教徒（「吃菜事魔」），但其人之簞食瓢飲，從俗人角度，著實有些「不近人情」。沈繼祖論列朱熹有「大罪」六、「他惡」十三，條條觸

目驚心，一個極端言行不一的道學家躍然紙上，其中說朱熹狎尼姑、偷媳等事至今為好事者所樂道。章上，朱熹落職罷祠。有牽連的蔡元定也發配道州編管，徒步上道，慶元四年死於貶所。朱熹獲罪之後，黨禁進一步擴大，「稍稱善類，斥逐無遺，至薦舉考校，皆為屬禁」（《道命錄》卷七下）。朱熹〈與祝汝玉書〉提到，當時還出現了毀鄉校、還僧坊的聲音。

　　慶元三年（1197）六月，宗正寺主簿楊寅奏，偽學荒誕迂闊之說遍天下，場屋之權落入偽徒之手，狀元、省元與兩優釋褐者無非其親舊門徒，請授官前進行審查。此前已有詔，監司帥守薦舉改官，奏牘前要發誓，聲明所薦之人「不是偽學，如是偽學，甘伏朝典」。又有大理司直趙哀然，乞自今權臣之黨、偽學之徒，不得除在內差遣。楊寅的奏請使政治審查擴大化、進取化。同月，朝散大夫劉三杰以偽學威脅皇權奏言：「前日之偽黨，至此變而為逆黨矣。」調門驟然提高，大禁呼之欲出。

　　十二月，終於頒布「偽學逆黨」籍五十九人，宰相趙汝愚、留正、王藺、周必大四人以下，以朱熹為首，詔示天下，永不敘錄。

　　慶元四年（1198）四月，右諫議大夫兼侍講姚愈奏，道學之徒與權臣結為「死黨」，黨人以被迫害的元祐黨人自比，十分奸偽，乞播告天下，宜「各守正論，無惑邪說，以定國是」。五月有詔書，責曰：偽徒之黨「竊附元祐之眾賢，而不思實類乎紹聖之奸黨」，「傾國是而惑眾心」。這是害怕道學集團東山再起。元祐學術在南宋屬於政治正確（「國是」），官僚與近習執政集團頗警惕道學黨人訴諸元祐黨禁，動搖輿論。

　　慶元五年（1199）二月（《慶元黨禁》），右諫議大夫張釜劾劉光祖佐逆不臣、蓄憤、懷奸、欺世、慢上五罪，詔光祖落職，房州居住。起因是，這年劉光祖撰《涪城學記》，有「世方以道為偽，而以學為棄物」，「好惡出於一時，是非定於萬世，學者宜謹其所先入，以

待豪傑之興」之語。

九月，進士呂祖泰擊登聞鼓上書，[12]論不當立偽學之禁，有「願陛下亟誅侂冑」之語。被杖一百，發配欽州牢城監管。黨禁之下，不容異議。

慶元六年（1200）三月九日，朱熹卒於建陽考亭。有言者害怕「偽師」朱熹的四方「偽徒」相聚送葬，乞令守臣嚴行約束。

李心傳從慶元元年（1195）七月何澹上奏要求「去偽存真」算起，說「自是主偽學之禁者，凡六年」（《道命錄》卷七上）。慶元末年，京鏜、何澹、劉德秀、胡紘四人死的死，去位的去位，學禁稍弛。嘉泰二年（1202）二月，韓侂冑正式開黨禁（宋《續編兩朝綱目備要》卷七〈寧宗皇帝〉之嘉泰二年）。

宋季，道學的官方地位漸隆，但也只是開政治利用道學之端而已，真正的道學家仍不免遭難。且看魏了翁、真德秀兩位大儒的命運，二人都是朱學傳人。他們活在崇尚理學的「理宗」朝，卻都因秉持清議、反對權相史彌遠擅行廢立而被貶（以下見《宋史》〈理宗本紀〉）。理宗寶慶元年（1225）八月，「（殿中侍御史）莫擇言、真德秀舛論綱常，簡節上語，曲為濟王（鑫恣按，指被廢的趙竑）地。詔德秀煥章閣待制、提舉玉隆萬壽宮。」真德秀原為禮部侍郎、直學士院。十一月，諫議大夫朱端常劾，「魏了翁封章謗訕，真德秀奏剳誣詆。詔魏了翁落職，奪三秩，靖州居住；真德秀落職罷祠。」寶慶二年（1226）二月，「監察御史梁成大言真德秀有大惡五，僅褫職罷祠，罰輕。詔削二秩。」

---

12 《宋史》呂祖泰本傳所記與此異：嘉泰元年，祖泰因周必大降少保致仕，憤之，乃上書請誅侂冑。

第二節　明代的政治敵道學

　　元代道學有許衡（1209-1281，河南河內人）、吳澄（1249-1333，江西崇仁人）這樣的重鎮。但整體來說，元朝是儒學在卑微中求生存的階段，既然未出頭，所以談不上被打擊。茲僅錄趙翼《廿二史劄記》卷三十若干文字，以見大概。〈元諸帝多不習漢文〉條：「元起朔方，不惟帝王不習漢文，即大臣中習漢文者亦少。」〈元季風雅相尚〉條：「元季士夫好以文墨相尚，獨怪有元之世文學甚輕，當時有九儒十丐之謠，科舉亦屢興屢廢，宜乎風雅之事，棄如弁髦。」

　　明代，眾所周知，程朱理學始終為官學，地位無與倫比。但同時，讀聖賢書的士大夫相對於皇權，地位之卑，政治環境之惡劣，也非比尋常。[13]明太祖本人公開反感朱子學說，連朝鮮君臣都知道。《朝鮮王朝實錄》〈宣祖〉「隆慶六年」條記載宣祖和儒臣柳希春的對話：「上曰：『大明高皇帝，每排詆朱子之，其意如何？』對曰：『高皇帝有秦皇惡儒之習，兼隋文猜忌之性，其妄詆朱子立言，所謂自聖而謂人莫之若也。」身處域外，說話比較直言不諱。柳希春認為明太祖是秦始皇加隋文帝，容不得別人給自己當老師。《明史》卷二百八十二〈儒林傳〉序曰，明代「科舉盛而儒術微」，是對一代學術的精當評價。官學化的道學，在明朝首要的角色，是充當八股時文的素材。

　　宋太祖立有「不殺大臣及言事官」之訓，故宋代雖屢興黨禁，止以免官禁學為懲罰，偶有誅殺某人之議，從未施行。如上節所示，政治敵道學事件如此之多，下獄、杖刑惟下士呂祖泰一例，陳亮也下大理獄，卻是因毒殺案。至明代，朝士被殺、被杖、下獄等等，只在皇帝一語之間。還有一點，呂祖泰的杖刑是由臨安府執行的，而明朝的

---

13 可參閱余英時：〈明代理學與政治文化發微〉，載氏著《宋明理學與政治文化》（桂林市：廣西師大出版社，2006年），頁10-60。

杖刑是眾目睽睽之下的廷杖，極盡羞辱。倘讀書人想不做官以求免禍，則有洪武帝所創「寰中士夫不為君用」罪名伺候。總之，無處可逃。大明二百七十六年，忠鯁之士受辱被刑者，前後相望。如嘉靖大禮議中一個「左順門事件」，反對派就有十七人受杖刑而死。在「從道不從君」、「道尊於勢」的儒家精神感召下，明朝士大夫就此演繹了最燦爛的殉道文化。

在某種意義上，明太祖的思想而非程朱的思想，才是有明一代的政治指導思想。《大明律》繼承唐宋律法，大致是士大夫的集體智慧成果，他不滿意，自創《大誥》四編（洪武二十年前後出臺），法外用刑，重典治國，以敵對思維對待文官集團；命令全國「戶戶有此一本」、「家藏人誦」。[14]洪武末年又頒布《教民榜文》，其中一條是，城鄉為年老或瞽者設專門編制，定時持木鐸沿途宣講「聖諭六言」。[15]《教民榜文》內容上也許是儒家倫理為主，如「聖諭六言」實即朱子漳州《勸喻榜》第一條（《朱子文集》卷一○○），然而「語境」全然非儒家：一者以皇權獨裁形式發布（朱元璋並未說他在祖述朱熹），一者聖諭直接進基層（利用老人、瞽者），儒者治國中的道德優勢以及決策權、解釋權一概被剝奪，皇帝手握教化之柄，成為教化之主。後康熙皇帝作「聖諭十六條」，雍正皇帝作《聖諭廣訓》，都是直接繼承了明太祖君師合一的這一「傑作」。

明太祖死後，《大誥》基本廢置不用，[16]聖諭六言也漸漸被遺忘，嘉靖年間方又復活。[17]但總體上，明太祖的精神遺產對明朝特別是前

---

14 楊一凡：〈明《大誥》的實施及其歷史命運〉，《中外法學》1989年第3期，頁24-27。
15 明太祖洪武三十年命令：「每鄉里各置木鐸一，內選年老或瞽者，每月六次持鐸徇於道路，曰：孝順父母，尊敬長上，和睦鄉里，教訓子孫，各安生理，毋作非為。」（《明太祖實錄》卷255）
16 詳見上引楊一凡：〈明《大誥》的實施及其歷史命運〉，《中外法學》1989年第3期。
17 詳見王四霞：《明太祖「聖諭六言」演繹文本研究》（長春市：東北師範大學碩士論文，2011年）。

葉的影響是全域性的。都說道學之教籠罩中國一千年，然而其提倡的
宗族制度直到嘉靖（1522-1566）以後才普及。[18]都說《朱子家禮》為
庶民制禮影響大，然而嘉靖十五年，明世宗才正式准許民間自建家
廟。關於法家鍾愛的皇權專制（或稱「秦制」）對儒家鍾愛的自治小
團體包括宗族的排斥，秦暉先生頗有研究，他有段話說：

> 從北魏的廢宗主而立三長、明初「浦江鄭氏九世同居」被皇帝
> 疑忌為「以此眾叛，何事不成？」而險遭殺身之禍，直到清代
> 一些地方官府「毀祠追譜」，抑制宗族勢力，專制國家對「強
> 宗右族」的疑懼與禮教對大家族的褒獎始終並存，而且前一因
> 素的實際影響往往超過後一因素。實際上這一切都可以歸之為
> 我國政治文化中以「國家（王朝）本位」來排斥「家族（社
> 區）本位」的法家傳統。……（法家）主張性惡論。……在實
> 踐上則主張崇刑廢德、揚忠抑孝、強制分家，鼓勵「告親」，
> 禁止「容隱」，不一而足。[19]

純粹權力有自身的運行邏輯，百家之中法家刑名之術才是專制者自覺
不自覺的最愛。如果只看到道學與權力合作的一面，忽略互相反對的
一面，很容易得到錯誤的結論，以為明清兩代道學獨尊。實則在專制
權力面前，禮教是脆弱的，道學家是單薄的，一切儒家說教都可以是
具文。專制權力的化身有君主，也有弄權小人，此等小人中最見明朝
特點的是宦官。

　　以下大致依時間順序，述道學家受難事。

　　太祖洪武五年（1372），因反感孟子關於君臣關係的論述，明太

---

18 詳見常建華：《明代宗族研究》（上海市：上海人民出版社，2005年），第五章。

19 秦暉：〈科舉官僚制的技術、制度與政治哲學涵義──兼論科舉制與現代文官制度的根本差異〉，《戰略與管理》1996年第6期，頁63。

祖把孟子牌位逐出孔廟，有詔：「有諫者以大不敬論。」這時，刑部
尚書、浙江象山人錢唐站了出來。據《明史》卷一百三十九本傳，錢
唐抗疏入諫曰：「臣為孟軻死，死有餘榮。」時廷臣無不為唐危。沒
想到，太祖被錢唐感動，沒有怪罪他，孟子也於次年恢復配享。錢唐
是明經出身，有一次在朝中講《尚書》，以師道而非臣道面對明太
祖，別人叫他跪，他卻堅持站著講。所幸太祖饒了他。師道正是程朱
極為重視的，程頤有句名言，「天下重任，唯宰相與經筵」，他自己就
是在做經筵時訓斥了哲宗皇帝。

錢唐有意殉道，卻不成功。建立在人主個人喜怒之上的僥倖終究
靠不住，錢唐命好，不代表他人也能命好，李仕魯就是一個。洪武十
六年（1383），[20]朱學專家、大理寺卿李仕魯因闢佛忤旨，被太祖命武
士當面打死。《明史》卷一百三十九本傳載，太祖踐祚後，頗好釋道
二教，為立職官，高其品秩，嘗度僧尼道士至踰數萬，李仕魯疏諫，
太祖不聽。仕魯爭之力，章數十上，無一能用。遂辭官，曰：「陛下
深溺其教，無惑乎臣言之不入也，還陛下笏，乞賜骸骨，歸田里。」
遂置笏於地。帝大怒，命武士捽搏之，立死階下。以佛道為異端而闢
之是道學特別是程朱道學的性格之一，奈何太祖為政治目的崇儒的同
時，個人更喜佛道。[21]李仕魯的結局，對彰顯明代政治與儒學關係具
有典型意義。

英宗正統八年（1443），大理寺少卿薛瑄因秉公辦案，令大宦官
王振從子王山的陰謀不得逞，王振命人誣告薛瑄，瑄下獄論死。牢坐
了，但好在最後被同僚救出。《明史》卷二百八十二本傳說，薛瑄之
「學一本程、朱……。嘗曰：『自考亭以還，斯道已大明，無煩著
作，直須躬行耳。』」薛瑄是朱熹的忠誠信徒。

---

20 此時間見王世貞《弇山堂別集》，卷60，「大理寺卿」條。
21 具體分析可閱余英時：〈明代理學與政治文化發微〉，載氏著《宋明理學與政治文
　化》，頁22。

薛瑄得罪王振，尋根究柢，出在不能奉承受寵弄權的宦官。起初，薛瑄因為同鄉關係，被王振提攜為大理左少卿，旁人勸他去拜謝王振。本傳：「瑄正色曰：『拜爵公朝，謝恩私室，吾不為也。』其後議事東閣，公卿見振多趨拜，瑄獨屹立。振趨揖之，瑄亦無加禮，自是銜瑄。」薛瑄的嚴正立場，其實是士禮的要求，他不過是遵禮教而已。

如果說人主除了代表人間的至高權力，更代表天爵，那麼獨擅朝政的閹人因為沒有任何形而上的身分或道義的追求，就成了赤裸裸的權力操弄者。薛瑄拜天子，但拒拜王振，小小的細節，卻足以象徵道學對純粹權力的輕視，並預示了道學可能面臨的危險。明朝士夫因不拜太監而得罪的，不止一例，合而觀之，乃見我言之不虛。崔銑，孝宗弘治十八年（1505）進士，「預修《孝宗實錄》，與同官見太監劉瑾，獨長揖不拜，由是忤瑾。書成，出為南京吏部主事。」何瑭，弘治十五年（1502）進士。

> 劉瑾竊政，一日贈翰林川扇，有入而拜見者。瑭時官修撰，獨長揖。瑾怒，不以贈。受贈者復拜謝，瑭正色曰：「何僕僕也！」瑾大怒，詰其姓名。瑭直應曰：「修撰何瑭。」知必不為瑾所容，乃累疏致仕。

兩例俱見《明史》。儒家禮教，所謂禮儀三百威儀三千，因而君子儒不肯枉尺直尋從而忤逆權貴的形式是多樣的。正德時（1506-1521）的江西提學副使蔡清又是一例。《明史》卷二百八十二儒林傳：「寧王宸濠驕恣，遇朔望，諸司先朝王，次日謁文廟。清不可，先廟而後王。王生辰，令諸司以朝服賀。清曰『非禮也』，去蔽膝而入，王積不悅。」宸濠最後能發動政變，與百官在禮制一事上妥協與俯就強權不無關係，所以蔡清這等拒絕變通的頑固分子即使在同僚那裡也容易被孤立。

仍然與太監當道有關，武宗正德元年（1506），

> 武宗初政，奄瑾竊柄。南京科道戴銑、薄彥徽等以諫忤旨，逮
> 繫詔獄。先生（王守仁）抗疏救之⋯⋯疏入，亦下詔獄，已而
> 廷杖四十，既絕復蘇。（《陽明年譜》正德元年二月條）

據余英時勾稽，正德時劉瑾用事，發明「去衣行杖」之刑，陽明是第
一個受此刑的，幾乎被打死過去。[22]

　　以上是嘉靖前的情況。嘉靖初年的大事是大禮議，此事與道學關
係甚大。世宗嘉靖皇帝生父是藩王而非先帝，他卻堅持要把生父列為
皇考。此非禮法，遂起爭端。北宋已有濮議之爭，皇帝破壞宗法，道
學家群起反對。歷史重演，張璁、桂萼輩希旨得寵，道學禮法之士則
紛紛倒下。

（1）羅欽順：大禮議起，欽順請慎大禮以全聖孝，不報。

（2）呂柟（正德三年進士）：大禮議興，與張、桂忤。

（3）馬理（正德九年進士）：嘉靖初，起稽勳員外郎，與郎中
　　　余寬等伏闕爭大禮。下詔獄，再予杖奪俸。

（4）崔銑（弘治十八年進士）：嘉靖三年集議大禮，久不決。
　　　大學士蔣冕、尚書汪俊俱以執議去位，其他擯斥杖戍者
　　　相望，而張璁、桂萼等驟貴顯用事。銑上疏求去，且劾
　　　璁、萼等曰：「臣究觀議者，其文則歐陽修之唾餘，其情
　　　則承望意響，求勝無已。⋯⋯夫守道為忠，忠則逆旨；
　　　希旨為邪，邪則畔道。今忠者日疏，而邪者日富。一邪
　　　亂邦，況可使富哉！」帝覽之不悅，令銑致仕。

---

22 余英時：〈明代理學與政治文化發微〉，載氏著《宋明理學與政治文化》，頁16。

（5）應良（正德六年進士，從學王守仁）：嘉靖初，還任（編修），伏闕爭大禮，廷杖。

（6）楊廉：疏論大禮，引程頤、朱熹言為證，且言：「今異議者率祖歐陽修。然修於考之一字，雖欲加之於濮王，未忍絕之於仁宗。今乃欲絕之於孝廟，此又修所不忍言者。」報聞。

以上僅僅是出自《明史》〈儒林傳〉的部分，其中稍受優容者只有一個楊廉。崔銑疏中，「守道」（從道）與「希旨」（從君）的判分格外醒目。

　　治史者皆知，正德、嘉靖以後，明朝政治、社會格局發生巨變，大體上有為之君不再，權奸輩出（劉瑾、嚴嵩、魏忠賢等），同時社會受到的管控趨弱。王守仁於正德年間在貴州龍場悟道以後，引領儒學弘道事業重點轉向民間，[23]本人及門徒講學遍天下。當其時，又有大儒湛若水與之頡頏。然而道學並未從此無憂。很簡單，站在權力的立場，爭奪群眾同樣是冒犯。道學從謀取皇帝支持，轉向謀取廣大士民支持，這帶來了政治敵道學內容的變化。從前主要是對仕宦個人施以紀律處分（如宋代）或刑事處罰（如明前期），現在主要是禁止講學、毀滅書院，儘管個人仍不免被迫害。以下便略述明中葉以降禁學脈絡。

　　世宗嘉靖元年（1522）十月，

　　　　給事中章僑、御史梁世驃奏：「三代而下，道學之傳，至朱熹大明。近世倡為異論者，以陸九淵為簡徑，朱熹為支離，宜行

---

23 余英時：「他（王陽明）的眼光不再投向上面的皇帝和朝廷，而是轉注於下面的社會和平民。」余英時：〈明代理學與政治文化發微〉，載氏著《宋明理學與政治文化》，頁38。

嚴禁。」上曰:「近年士習詭異,文辭艱險,有傷治化,其行督學官榜諭禁之,自今教人取士一依程朱之言,不許妄為不經之書,私自傳刻,以誤正學。」(《國朝典彙》卷一三二「學術」)

二官之奏是個標誌,它屬於王學崛起之際朱子官學的第一次出擊。正如宋代朱學也被當作不符孔孟的「邪偽」,現在朱學成為正統,新興的王學成了「詭異」。學者多知道王學、朱學的繼承關係,但擅長指摘的政治鬥爭是不管這些的。幸本次禁令未見落實。

嘉靖八年(1529)二月,

尚書桂萼議:「王守仁事不師古,言不稱先。欲立異以為名,則非朱熹格物致知之說。知眾論之不與,則著朱熹晚年定論之書。……宜禁其邪說,以正天下之人心,乃大聖人建極、作民君師之大政也。」旨曰:「其學術令都察院通行禁約,不許踵襲邪說,以壞人心。」(《國朝典彙》卷一三二「學術」)

陽明卒於嘉慶七年十一月末,桂萼乘之,既誣其學說,也誣其功業。陽明生前有爵位,因桂萼之議,詔「停其世襲,恤典俱不行」(《明史》王守仁本傳)。此情此景,令人想起朱子死後被朝廷嚴密監視的喪禮。比慶元黨禁輕者,陽明學說此時尚未得禁。

嘉靖十六年(1537)二月,

御史游居敬論劾南京吏部尚書湛若水學術偏詖,志行邪偽,乞賜罷黜,仍禁約故兵部尚書王守仁及若水所著書並毀門人所創書院,戒在學生徒,毋遠出從遊,致妨本業。……上曰:「若水已有旨諭留,書院不奉明旨私自創建,令有司改毀。自今再

有私創者，巡按御史參奏。比年陽倡道學、陰懷邪術之人，仍嚴加禁約，不許循襲致壞士風。」(《國朝典彙》卷一三二「學術」)

王守仁與湛若水兩派被點名禁毀。當時朝廷大權握於入閣不久的夏言之手，而此前夏言自己就做過經筵官，主講四書。心學新起，勢如燎原，朝中頗感不安。

　　湛若水與王陽明講學宗旨相近，規模也很大。何良俊（1506-1573）《四友齋叢說》卷四記載：

> 我朝薛文清、吳康齋、陳白沙諸人亦皆講學，然亦只是同志。……何嘗招集如許人？唯陽明先生從遊者最眾。……陽明同時如湛甘泉者，在南太學時講學，其門生甚多，後為男宗伯（南京吏部尚書），揚州、儀真大鹽商亦皆從學。

據學者統計，湛若水從正德五年在北京與王守仁講學始，至嘉靖十九年致仕，所建書院達三十六所，其中廣東十九所、南直隸十三所、福建三所、湖廣一所，盛時據稱有三千門徒。[24]嘉靖十九年，門人在其家鄉為之建天關書院，事在書院禁令下達之後。可見，這次學禁效果不佳。

　　湛若水也為世宗本人所不喜，嘉靖初年的大禮議已站在反對皇帝的一方，嘉靖九年議郊祀禮又與皇帝意見相左，嘉靖十五年獻書《二禮經傳測》，皇帝罷而不讀。[25]嘉靖三十九年（1560），湛若水去世，

---

24 陳時龍：《明代中晚期講學運動（1522-1626）》（上海市：復旦大學出版社，2007年），頁68-69。

25 詳見黎業明：〈政治與思想：湛若水與「大禮議」之關係述略〉，《深圳大學學報（人文社會科學版）》第26卷第5期（2009年9月），頁23-25。

世宗仍叱其學為偽學。《世宗實錄》載，嘉靖四十年（1561），湛若水曾孫奏請贈官若水。吏部奏言：「若水學行醇正，士望所歸，宜允其請。」世宗怒曰：「若水偽學亂正，昔為禮部參劾，此奏乃為之浮詞誇譽，其以狀對。」事後還懲罰了吏部尚書等幾個人。看得出來，世宗之恨既有湛若水講學的關係，又有他在職務上從道不從君的關係。

嘉靖十七年（1538）五月，吏部尚書許讚接過上年游居敬的論調，以書院耗財擾民為由，申毀天下書院，言：「南畿已經游居敬奏毀，人心稱快，而諸路未及，宜盡查革仍有建立者，許撫按官據實參劾。」世宗命內外嚴禁令，盡毀之。十一月，有詔，禁止非詆朱熹，曰：

> 祖宗設科取士，以《（四書）集注》為主。比年奸偽之徒，鼓其邪說，以惑士心。此後仍有詭道戾理，非詆朱熹者，科道官指名彈糾。（《國朝典彙》卷一三二「學術」）

如許讚所奏，一年前的效果限於南京一隅，這次是一心要擴大戰果的。值得一提的是，禁止非詆朱熹並非嘉靖創舉，成祖永樂九年（1411）已有榜文，嚴禁詞曲雜劇褻瀆帝王聖賢：「這等詞曲，出榜後，限他五日都要乾淨，將赴官燒毀了。敢有收藏的，全家殺了！」（顧起元《客座贅語》卷十〈國初榜文〉）非常嚴厲。這裡對聖賢的維護，少不了是統治的需要，但客觀地說，也是政治護道學的一面。作為道學的新發展，陽明學縱然與朱子學多所不同，但絕非敵對關係，陽明後學有人囿於門戶之見，肆意詆毀朱熹，就大大犯了統治者的忌諱，勢必擴大打擊範圍，殃及正常的學術活動。從這個意義上說，道學內部之眼中有梁木者，是貨真價實的敵道學。

嘉靖二十年（1541），皇宮「九廟災，給事戚賢等因災陳言，且薦郎中王畿當亟用。上曰：『畿偽學小人，乃擅薦植黨，命謫之外。』」（沈德符《萬曆野獲編》卷二「講學見絀」條）黃宗羲說法略異：

> 時相夏貴溪（即夏言）惡（王畿）。三殿災，吏部給事中戚賢
> 上疏，言先生學有淵源，可備顧問。貴溪草制：「偽學小人，
> 黨同妄薦。」（《明儒學案》〈浙中王門學案二〉）

按諸世宗、夏言的前後所為，以心學為偽學，以陽明高徒王畿為小人，二人是有共識的。

　　嘉靖中前期陸陸續續的毀校禁學行為，首先是正統意識形態，即官學化的程朱理學，對道學新發展的不安表現。嘉靖後期，世宗沉迷仙道，權奸嚴嵩專做「青詞宰相」，最高權力層更無理由褒崇道學。整體上，嘉靖一朝以王守仁為領袖的講學活動蓬勃發展，「雖世宗力禁而終不能止」（沈德符《萬曆野獲編》卷二四「書院」條）。然而，這裡有一個不可忽視的廟堂與江湖之別，陽明學的蓬勃發展是其未被遏制的民間發展，而官辦教育系統內不免仍無地位。大約在嘉靖後期，時為博士的貢受軒，向布衣道學韓貞報告太學的情況：「僕率諸生專以文字為道務，而道學為時所忌，絕口不敢一談，竟如之何？」[26] 國子監不講道學，說得很清楚。這裡的道學特指陽明述作的道學。陽明心學光明正大地跨入廟堂，還是在徐階扳倒嚴嵩任首輔之後，這也是陽明學最風光的一段時期，其高潮是徐階在京城召集的靈濟宮講學，由浙東學派的王畿（龍溪）與泰州學派的羅汝芳（退溪）主講席（時號「二溪」）。但好景不長，徐階於嘉慶四十一年取代嚴嵩，做到隆慶初年便下了臺。

　　穆宗隆慶四年（1570）三月，

> 禮科給事中胡檟言：「督學憲臣聚徒講學，本為儒者之事，乃
> 其徒遂緣是而詭辭飾貌以獵進，至有一語相合以為曾唯而優之

---

26 許子桂等：《樂吾韓先生遺事》，載黃宣民點校《顏鈞集（韓貞集附）》（北京市：中國社會科學出版社，1996年），頁193。

　　　　廩餼，一見如愚以為顏子而貢之大廷者，徒以長競進之風，而
　　　　其中實無所得也。」部覆：「請如檟言，戒諭督學憲臣，務敦
　　　　崇實行，毋倡為浮說，以滋奸偽。」從之。(《明穆宗實錄》卷
　　　　四三)

胡檟所言，反映講學之盛，已在政界滲透，朝廷用人開始受其影響，
於是高層干預也隨之而來。這次反「浮說」其實是閣臣高拱的決定，
反映陽明道學由政治弘道轉向社會弘道的路線之後，隨著門下講學活
動聲勢日益壯大，終究還是被拉回了政治領域的鬥爭。高拱這次沒有
採取大動作，但暴風驟雨是遲早的事。

　　神宗萬曆七年(1579)正月，張居正柄國日久，權力穩固，下令
毀天下講學書院。[27]命令得到了嚴厲貫徹，這就是暴風驟雨，是明朝
儒術的大災難了。它盡改各省書院為公廨，先後毀應天等府書院六十
四處(夏燮《明通鑑》卷六七)。當時的學者傅應楨說道：

　　　　夫(張居正)毀書院者，焚坑之遺烈、竄偽學之故智也。舍千
　　　　百世所共尊尚者，乃甘心於李斯、蔡京之所為，得免車裂，幸
　　　　矣。(康熙《安福當作》卷五〈復復古書院記〉)

張居正禁毀書院，可與李斯焚書坑儒、蔡京禁元祐學術、韓侂冑竄
「偽學」相提並論。

　　何心隱，王門泰州學派傳人，以布衣講學，很有號召力。據鄒元
標〈梁夫山傳〉(載《何心隱集》)，何心隱之死與張居正禁學密切相
關：

---

27 詳見陳時龍：《明代中晚期講學運動(1522-1626)》，「張居正禁講學」一節，頁122-
　　140。

> （何心隱）居燕畿講學，因與司業江陵張公（鑫恣按，即張居
> 正）屢講不合，遂構釁端。比江陵柄政，即首斥講學，毀天下
> 明賢書院，大索公，凡講學受禍者不啻千計。

何心隱被捕恰在萬曆七年三月。當時受禍者「不啻千計」，意味著很多人像何心隱一樣受害。

　　眾所周知，張居正為政雷厲風行，用申韓之術。在高拱那裡露出端倪，張居正這裡大肆實施，並得到天啟中東林黨禁呼應的，是與嘉靖中的敵道學不同的新情況。王學、朱學的異同甚至已不被當作說辭，專制者只是赤裸裸展示對自由講學的厭惡，以及對講學的社會政治影響的忌憚。明末清初的唐甄指出：「聚眾講學，其始雖無黨心，其漸必成黨勢。」[28] 朱元璋以降，絕不許士人像宋儒一般在朝廷結成新舊黨或以道學互相標榜之類，士人遂被驅往江湖，不料卻於江湖成黨勢，動搖當道。上引胡櫂所奏講學通過各種管道滲透朝廷用人、左右朝野輿論，是民間講學終成黨勢的一種表現；講學單純在群眾中吸引信徒，如民間宗教的形式，越聚越多，勢能與官方分庭抗禮，譬如泰州學派顏鈞的講學，「失志不逞之徒相與鼓吹羽翼，聚散閃倏，幾令人有黃巾、五斗之憂」（王世貞《嘉隆江湖大俠》），是講學成黨的另一種表現。經過嘉靖、隆慶兩朝的發展，兩種情況都出現了，是故強人張居正秉政，輒予迅速撲滅。世傳何心隱死於儒家名教，不知劊子手殺人自可以名教為飾。黃宗羲《明儒學案》〈泰州學案一〉載，何心隱能力出眾，曾用計把宰相嚴嵩拉下馬，張居正心知肚明，當權後也不免有些忐忑。何心隱死於湖北獄中前曾說：「殺我者張居正也。」故何心隱之死，毋寧說是因為張居正害怕他於自己的權柄不利。能力出眾的張居正與文盲魏忠賢輩固然是兩種人，惟在獨占並維

---

28 唐甄：《潛書》（北京市：中華書局，1963年），下篇下〈除黨〉，頁163。

護權力一點上無絲毫區別。

學者指出，張居正早年也參與講學，然而萬曆五年（1577）奪情一事，道學頗責備之，自此與講學者決裂。[29]當奪情之際，張居正、萬曆皇帝以忠道立論，道學家以孝道抗論，但道學家缺乏權力優勢，一波敵道學行動已不可避免。江右道學鄒元標是最早的受害者之一。萬曆五年鄒元標中進士，十月張居正奪情，即上疏謂張「道（導）之功利」、「忘親不孝」，結果被杖八十，戍貴州都勻衛（《明儒學案》〈江右王門學案八〉）。這次橫禍，鄒元標被打瘸腿，六年後才被召回朝廷，比王守仁還慘。不久又因忤旨被貶，居家講學數十年。對張居正奪情持異議而比鄒元標稍早被杖的還有翰林院編修吳中行、檢討趙用賢、刑部員外郎艾穆、主事沈思孝。奪情風波過後，毀學之令順風而至，是欲斬草而除根。張居正說過，講學的「同志」，不過是「聚黨賈譽，行徑捷舉，所稱道德之說，虛而無當」，其徒侶眾盛，「大者搖撼朝廷……小者匿蔽醜穢」（《張太岳集》卷二九〈答南司成屠平石論為學〉）。大禁之前的萬曆六年（1578），張居正已明確禁止新創書院。

以下便到東林講學之禁，首惡為太監魏忠賢。當時熹宗天啟皇帝之昏庸與魏忠賢之專擅，此處不必贅述。天啟二年（1622），都察院左都御史鄒元標、左都副御史馮從吾主盟的首善書院在京開講，高攀龍、劉宗周等也參與其中。不久即有疏攻訐，熹宗安撫鄒、馮，但二人仍於年底求去，書院也因此輟講。五年（1625）正月，李魯生指責書院「假道學不如真節義」，撤去匾額。七月，倪文煥再攻首善書院，稱其「聚不二不四之人，說不痛不癢之話，作不深不淺之揖，啖不冷不熱之餅」，催請禁毀。於是毀首善書院，「棄先師木主於路左」。[30]八月，御史張訥上書論東林書院，請毀天下書院，詆鄒元標、

---

29 陳時龍：《明代中晚期講學運動（1522-1626）》，頁131-132。

30 以上轉引自陳時龍：《明代中晚期講學運動（1522-1626）》，頁229-230。

孫慎行、馮從吾、余懋衡，俱削籍（谷應泰《明史紀事本末》卷七一〈魏忠賢亂政（三）〉）。天啟四年葉向高去相後，魏忠賢便大權獨攬，李魯生、倪文煥、張訥等，莫非閹人之黨。

天啟五年（1625）十一月，閹黨崔呈秀向魏忠賢授東林黨人姓名，獻《天鑒》、《同志》、《點將錄》諸書，其中《點將錄》（左副都御使王紹徽撰）仿《水滸傳》一百零八將名目編列東林黨人（谷應泰《魏忠賢亂政（三）》）。三書「皆以鄒元標、顧憲成、葉向高、趙南星、劉一燝等為魁，盡羅入不附忠賢者，號曰『東林黨人』」，「清流之禍，於斯烈矣」（陳鶴《明紀》卷五一）。閹黨大肆搜捕殺害所謂的東林黨人，東林書院也與天啟六年（1626）年全部拆毀。鄒元標卒於此前的天啟四年（1624），幸得善終。其不幸者，高攀龍投水自殺（《明史》本傳），馮從吾不勝毀學棄先師像之痛，「二百日夜不就寢」[31]，吐血而亡。凡此，頗類現代「反右」運動中士類凋零的景象。

以上事件中，曾因反對張居正奪情被打斷腿的鄒元標總是名列榜首。此人屬於江右王門，不屬於東林書院，但偏偏名列「東林三君」（與顧憲成、趙南星）。這個細節印證，東林黨禁延續了張居正禁學的性質，與道學整體有關，與朱王異同無關；是政治事件，不是學術事件。學術史上被認為崇朱抑王的「東林」學派，在這裡只是便於政治打擊的一頂帽子。如果問張居正、魏忠賢兩階段的前後之別，那就是東林的講學，議政增多，當道者受到的刺激更激烈，加上閹人的無底線，反制必然更急劇，並隨意擴大到任何不附己之人。黃宗羲《明儒學案》〈東林學案〉說道，顧憲成以東林書院為中心，四處會講，「會中亦多裁量人物，訾議國政，亦冀執政者而藥之也。天下君子以清議歸於東林，廟堂亦有畏忌。」又說：「論者以東林為清議所宗，禍之招也。」正是這麼回事。一句話，天啟間血洗天下正士，就是大

---

31 姚希孟：《神道碑》，載馮從吾《少墟集》附錄。

字不識的魏忠賢赤裸裸地排除異己的行為。

毅宗崇禎皇帝上臺，剷除閹黨，勤政克己，頗欲有所作為。但就是這樣一位皇帝，某些時候還是做了敵道學者，其中一件便起因於求治心切，要大臣「奪情」。崇禎十一年（1638），毅宗為閣臣楊嗣昌奪情，少詹事、經筵官黃道周力攻其非，帝責道周朋比，行僻言偽如少正卯。道周反覆激辯而不讓，帝怒甚。有旨降黃道周江西布政司都事。十三年（1640），解學龍薦舉黃道周，極稱其忠孝，有曰道周「為我明道學宗主，可任輔導（即丞相）」。上大怒，並逮學龍、道周，道周以「偽學欺世」治罪。本應大辟，後改午門外杖四十，充軍（以上張岱《石匱書後集》卷三七）。先是，黃道周已有一次以直諫故削籍為民，先後講學於餘杭大滌山、漳州紫陽書院。按，黃道周道學沉浮之跡，大似朱熹，連「偽學」罪名也一模一樣。明亡，道周殉節。

早前的崇禎二年（1629），劉宗周拜順天府尹，上疏責皇帝用刑名之術，並以仁義之說進，結果皇帝說他「迂闊」（《明儒學案》〈蕺山學案〉）。在政治敵道學上，「迂闊」是比「虛偽」輕的詈詞了。滿洲入寇，朝廷增兵增餉，宗周上疏非之，大抵要皇帝以民生為重，再次被批評「迂闊」。入對文華殿，皇帝問及兵事，宗周只是要他效法堯舜，治內以御外，與朱子上宋孝宗的《戊申封事》一樣的邏輯，誠正修齊然後才有治平。皇帝轉頭對首輔溫體仁說：「迂哉！劉某之言也。」儘管明毅宗一而再、再而三地貶損劉宗周，但畢竟有心求治，所以還是把這位大儒留在了朝中。然而等到宗周以剛正之論直刺首輔，暗示溫氏乃小人，是製造東林黨案的閹宦的同路人，說「小人與中官氣誼一類」時，他真正觸怒了權力，被革職為民了。後被皇帝起用，終於又在論救同僚，堅持一個類似於司法獨立的問題時，[32]因直接威脅到皇帝本人原有的自由裁量權，激怒皇帝而被革職。明亡，宗周殉節。

---

32 劉宗周略曰：詔獄當廢，官吏有罪，當付法司。

第三節　清代的政治敵道學（附論清儒的反理學）

清朝繼續表彰程朱道學，以為取士標準，然而實質上朝廷的敵道學視明朝有過之無不及。從順治到乾隆約一百五十年的文字獄之多，人所共知，其中包含多少道學之厄！舉其著者，康熙時有戴名世案（1713），雍正時有呂留良案（1732），後者之殘酷居清朝文字獄之冠。戴、呂二人皆宗奉程朱理學，而他們以反清罪名被誅戮。可見對滿清統治者而言，最高的意識形態不是程朱，而是江山穩固。

近世學者對此多有涉及，茲略引數語如下：

（1）洛閩之學，明以來稍敝蠹。即清為佞人假借，世益視之輕。（章太炎《太炎文錄初編》卷一〈釋戴〉）

（2）清廷利用其術而以朱學範民，則宰輔之臣均以尊朱者備其位。……自康雍以訖道咸，為相臣者以百計，……大抵曲學阿世咸借考亭以自飾。（劉師培〈清儒得失論〉）

（3）（順康雍乾時期，滿洲貴族為了牢籠人心，）理學道統，遂與朝廷刀具鼎鑊更施迭使，以為壓束社會之利器。（錢穆《清儒學案》序）

（4）明、清兩代儒、法在政治上互為表裡的歷史事實，是無可否認的。（余英時《反智論與中國政治傳統》）

互相參看，足資發明清朝敵道學之大概。在太平天國運動大大動搖滿清貴族統治之前，清朝的政治格局都是皇帝一人在上，士民萬馬齊喑。康雍乾時期的皇帝集權不待贅言，關於道光年間，管同（道光五年舉人）說道：

近年大臣無權，而率以畏懦；臺諫不爭，而習為緘默。門戶之

> 禍不作於時，而天下遂不言學問；清議之持無聞於下，而務科
> 第營財貨。節義經綸之事，漠然無與於其身。(《因寄軒文初
> 集》卷四〈擬言風俗書〉)

咸豐的情況同樣如此，曾國藩說：「十餘年間，九卿無一人陳時政之
得失，科道無一折言地方之利興。」(〈應詔陳言疏〉)凡此等等，宋
代士大夫與君主共治天下的氣魄不必說了，就連明代士子苦諫於朝
廷、清談於山林的景象也沒了。漢以後，士大夫群體是道統的核心載
體，如士風不能張，以道統自任的道學不能不暗淡。

　　具體來說，宋以後道學之生長，十分依賴士人之相與交遊、書院
之自由講學。某種意義上，書院是道學的道場，書院興則道學興，書
院衰則道學衰。統治者是否限制士人交遊，是否禁學毀書院，直接衡
量了其敵道學之有無與輕重。清朝是怎麼做的呢？它比前朝做得更徹
底，也更高明，它通過書院官辦，徹底消滅了自由講學。當然，這有
個過程。以下便參照鄧洪波先生的《中國書院史》，[33]略為述評清朝順
治、康熙、雍正、乾隆四朝限制與改造書院的政策。

　　清政權建立之初，百般抑制自由講學。順治九年（1652），詔令
「不許別創書院，群聚徒黨，及號召地方遊食無行之徒，空談廢
業。」鄧洪波指出，這和張居正禁書院時使用的語言，「竟一字不
差」。對現存的書院，又仿明〈學校禁例十八條〉，訂〈訓士臥碑文〉
八條，有如下禁令：「軍民一切利病，不許生員上書陳言」；「生員不
許糾黨多人，立盟結社」；「所作文字，不許妄行刊刻」。如此高壓，
儘管沒有暴力毀校，也等於閹掉了書院。清初政府除了特別敏感於民
族問題一點與明朝不同外，實在有鑒於明嘉隆以還民間講學給政治帶
來的「麻煩」，在敵道學上與張居正、魏忠賢一脈相承。

---

33 鄧洪波：《中國書院史》（上海市：東方出版中心，2006年），頁234-239。

有一點值得注意，〈訓士臥碑文〉禁止士人結社，意味著明中後期十分活躍的那種訂立會約、定期召開的會講已不可能。有人會說「不許糾黨多人，立盟結社」這樣的規定太籠統，不能說明什麼。那麼請看《大清律例》〈刑律〉〈盜賊上之一〉「謀叛」條的規定：異姓人結拜，「若聚眾至二十人以上，為首者擬絞立決，為從者發雲、貴、兩廣極邊煙瘴充軍。」結拜是會黨之事，儒者不為。然而強權邏輯之下，類似規定也完全可能被用於儒者的定點講學，因為歷史上儒者因講學而大規模聯結是常有之事。清朝的政策執行是有力度的。歷史告訴我們，隨著黃宗羲的證人書院等最後一批明人書院的消歇，清朝不再出現明式書院，待其出現，已是清末（如康有為的萬木草堂）。

康熙年間（1661-1722），禁令未除，但政權趨於穩定，康熙皇帝表現出對書院的一定支持。他先後給嶽麓、白鹿洞、紫陽、鵝湖等二十三所書院賜額贈書，提倡程朱理學。這個事情是微妙的。一方面，康熙之舉昭示了對書院的重視，於是引來官民效仿，大量興復舊書院、創建新書院，等於是打破了順治的禁令。另一方面，過去的禁令使書院普遍失去辦學方向，正在迷茫之際，康熙突然站出來表彰特定一批書院，宣傳特定一種講學內容，馬上便形成示範作用，指明了方向，統一了思想，這時候書院越多反而越有利統治者。這是書院被改造的第一步。

雍正元年（1723），「命各省改生祠、書院為義學，延師教授以廣文教」（《清朝文獻統考》卷七十）。二年，兩江總督查弼納在江寧建鍾山書院，雍正皇帝賜匾「敦崇實學」。我們猜測，「敦崇實學」四字，雍正的潛臺詞是，踏實做點別的事，不要學東林書院搞清議，妄議時政。雍正四年，江西巡撫裴幰度請為白鹿洞書院選取掌教，不准。鄧洪波說，雍正是要「阻止地方政府為書院選擇名儒充任山長」。雍正十一年，發布創建省城書院上諭，各地用公帑建成二十三所省城書院，作為十八行省的最高學府。雍正無疑對書院很積極。他

的問題是，從最基本的資金層面開始，排除民間勢力，建設一個遍布全國、完全官方的書院群，這些書院足夠高端，令人豔羨。另外，從他對白鹿洞書院（不在省會書院之列）掌教人選的態度看，他要剝奪全部有名書院的獨立人事權。

關於乾隆年間的情況，鄧洪波說，「清政府的書院政策不再動搖，寓控制於支持，以創建上下一統、制度完善、定性明確的官辦書院教育體系為目標。」乾隆元年（1736）一道上諭，首先吸收雍正的省會書院，納入包括國子監、府州縣學在內的官辦教育大系統內。又規定天下書院的山長、生徒選擇標準，山長還要三年考核，六年議敘。後來還有一系列上諭，在書院管理的方方面面形成制度。各府州縣都建立官方書院，未被染指的大概只剩下提供蒙學的家塾和村塾。這樣的話，各級書院性質上已經同於原有的官辦學校。唯一的不同是，學校完全服務於科舉，是「教學型」的，而書院裡那幾所高級的，「學術研究」的成分會多一點，如南京的鍾山書院，錢大昕（1728-1804）當過掌教，在那裡從事「樸學」，寫出《廿二史考異》。

所以清朝普及了書院，同時消滅了書院。如上引，錢穆說，清朝為壓束社會，「理學道統」與「刀具鼎鑊」更施迭使。說得更具體一點，清政府一手大興文字獄，一手進行書院官化改造，一戒一誘，一硬一軟，政治敵道學無往不利。做個對比，宋末元初的陳普（1224-1315）是朱學的閩中傳人，拒絕仕元，不做官學教授，只願意在私立書院任教，所歷書院既有宋代遺留的武夷精舍、考亭書院，也有新創的雲莊書院、鰲峰書院，他甚至可以在書院高懸「志不仕元」的橫匾。[34]這些在清朝完全不可想像。

康雍乾三朝，就書院政策而言，可知其政治敵道學是遞進的。若

---

34 方彥壽：〈在武夷山闡揚朱子學的元代名儒陳普〉，「朱子文化與宋明理學」學術研討會論文（武夷學院宋明理學研究中心，2015年10月）。

合符契的是，三朝的文網之密，也有明顯的遞進關係。康熙朝文字獄不超過十起，雍正朝近二十起，乾隆朝一百三十起以上。除了案發數遞增，打擊人群也是越來越廣的，康熙的文字獄針對名士，而乾隆的文字獄波及下層讀書人及平民的有約九十起。[35]

　　乾隆朝的文字獄，以及更多的刪書、改書、禁書、焚書之舉，大量發生於《四庫全書》徵書過程中。四庫徵書始於乾隆三十七年（1772），寓禁於徵。官吏為配合乃至迎合旨意，禁書手段花樣翻新，無所不用其極。這裡只舉一個「創舉」，就是出版的事前審查，由地方官三寶（？-1783）發明。王汎森先生介紹：

> 三寶下令不准私自刊書，一定要經事先審查。凡有欲刊之書，不管是古人或今人的著作，要先錄正、副二本，送給本籍教官轉呈提學核定，如果可刊則留存副本，將正本發給著述之人，遵照刊行。[36]

四庫禁書的重點，當然是反滿思想以及任何不利於清廷合法性的言論與記載，其中就有道學一貫的夷夏之辨。皇帝態度在上，官吏往往加倍執行，所以帝國權力系統內，敵道學越往下越厲害。

　　同樣是以程朱理學為帝國意識形態，在帝王個人那裡也有真誠與不真誠之別。康雍乾三帝，只有康熙對理學比較真誠，好學，熟讀經書，獨尊理學。雍正帝是儒、佛、道並重。乾隆帝，原本頗效康熙故事，乾隆二十一年（1756）開始轉而在經筵中屢屢質疑程朱理學，公開詬病程朱「天下治亂繫宰相」等理念。[37]乾隆二十三年推出《御纂

---

35 郭成康、林鐵鈞：《清朝文字獄》（北京市：群眾出版社，1990年），頁34-35、39。

36 王汎森：《權力的毛細管作用──清代文獻中自我壓抑的現象》，載氏著《權力的毛細管作用──清代的思想、學術與心態》修訂版，頁365。

37 參閱李帆：《清代理學史》（廣州市：廣東教育出版社，2007年），中卷，頁11-15。

春秋直解》，點名胡安國的《春秋胡氏傳》是「胡說」。與此有關，康熙以後，連李光地這樣的官方理學家也沒有了。

康熙帝對理學的真實態度，有一次比較集中的表現。康熙三十三年（1694）閏五月，他在豐澤園召集翰林官，發動了一場關於「理學真偽」的討論。說是討論，實是考試，翰林觀各抒己見，最後由康熙帝評判高低。他把朝中「講道學之人」熊賜瓚、熊賜履、魏象樞、李光地、湯斌一一詆病一通，認為他們言行不顧，不符合真道學的標準（《東華錄》卷十六）。康熙帝論斷理學真假，特別看重人怎麼做，說「理學無取空言，如于成龍不言理學而服官至廉，斯即理學之真者」（《國朝先正事略》卷七）。他以周張程朱為理學楷模，說他們「其言如是，其行亦如是」（《康熙政要》卷十六）。康熙重篤行，這是符合道學真義的，他對熊、李等人的批評，也切中某些官方理學家虛偽的一面，比如好名。致命的問題是，康熙帝把自己放在什麼位置？他隨意論斷他人，儼然新時代的道學宗師。孔子之後，治統與道統二分，由皇帝定理學真偽，不容異議，實為僭越。君師合一是危險的，極容易以權威代替真理。康熙本人或許清明，成例既開，其奈後世君主何？

終於，來了乾隆皇帝，乾綱獨斷，自大無恥，[38]把君師合一做到極致，敵道學也暴露無遺。孫鼎臣（1819-1859）這樣評說乾隆、嘉慶兩朝：

> 朝廷以道學為詬病，而貪夫盈位；士大夫以道學為詬病，而相與蕩名檢、隳志節而不恤。乃使人心風俗之防一蹶不振，以成天下之至亂，歸獄於晚近為漢學者。（《芻論》卷一〈論治一〉）

---

38 關於乾隆皇帝的獨裁自大，有大量著作可參考，不待細論。

這是將咸豐時的太平天國之亂歸因於乾嘉之際對道學的鄙棄。是否準確且不論，可以肯定的是，乾嘉年間政學、朝野均詬病道學。前面說過，乾隆二十一年（1756）開始，乾隆帝屢屢表現出對理學的不滿。最終反映到全社會將如何？昭槤（1776-1833）《嘯亭雜錄》〈書賈語〉介紹了當時的圖書市場，說除了必考的朱熹等人的幾本書，理學著作被士子束之高閣，書商也不印了。

　　乾隆時期的敵道學，與乾嘉漢學的繁榮直接相關，互為因果。一般所知的清代漢宋之爭，乾嘉學者的「反理學」，不是簡單的學術爭鳴，它摻雜了太多政治敵道學因素，或者直白一點，摻雜了太多統治集團與帝王個人的意見。錢穆說：康熙、雍正、乾隆時期，

> 朝廷以雷霆萬鈞之力，嚴壓橫摧於上，出口差分寸，即得奇禍。習於積威，遂莫敢談。不徒莫之談，蓋亦莫之思。精神意氣，一注於古經籍，本非得已，而習焉忘之，即亦不悟其所以然。此乾嘉經學之所由一趨於訓詁考索也。[39]

這條線，是從道學被閹割到經學繁榮的因果。至於翁方綱（1733-1818）所云，「（乾嘉學者）稍窺漢人涯際，輒薄宋儒為迂腐，甚者且專以攻擊程朱為事」（《復初齋文集》卷十二〈送盧抱經南歸序〉），又是一條線，是從經學繁榮到道學被詆的因果。綜合兩條線來說，以道學被閹割為起點，是敵道學從上往下傳遞的過程。乾隆皇帝承其父祖餘威，變本而加厲，加之個人性情，終於把道學踏入二十世紀新文化運動以前的最低谷。

　　乾隆朝的政治敵道學與士人反理學的水乳交融，充分見於修《四庫全書》這一歷史性文化工程。四庫館之立在乾隆三十八年（1773），

---

39 錢穆：《中國近三百年學術史》（北京市：中華書局，1986年），下冊，頁553。

而十七年前乾隆帝已質疑程朱。王汎森說：「在編修《四庫全書》的時代，（乾隆皇帝）的興趣由理學逐漸轉向漢學，並微妙地影響到當時士大夫對這兩種學問的取捨。」[40]對《四庫全書》內容卓有研究的夏長樸先生指出，《四庫》修書末期，乾隆帝已經完全傾向於漢學，對張載、程頤、朱熹等宋儒有相當不滿言論——作為修書最終產品之一的《四庫全書總目提要》，就是一邊倒地「崇漢抑宋」的。[41]夏長樸分析乾隆帝排擠道學的原因，一是道學家「以天下為己任」，冒犯了帝王權威；二是宋明道學講學結黨，影響社會風氣、政治安定。

四庫館的人員構成如何？靈魂人物是總纂官紀昀、分纂官戴震。其他重要的館臣（含分纂官），周永年、翁方綱、姚鼐、邵晉涵、余集、程晉芳等，嗜書、擅長考據是最大公約數，而真正熱衷理學者惟姚鼐一人。紀昀（1427-1805）是大才子，一生思想無特別建樹，但攻擊宋明儒、諷刺道學留下諸多文字。俞漸鴻甚推紀昀《閱微草堂筆記》，卻也不得不承認：「微嫌其中排擊宋儒語過多。」（《印雪軒隨筆》）魯迅分析紀昀的筆記：「於宋儒之苛察，特有違言，書中有觸即發。」[42]紀昀與漢學大師戴震是莫逆之交，自己雖不是漢學家，但在反對理學一點上有共識。紀昀也可能實質上受過戴震等漢學人物的影響。[43]

學者一般認為，《四庫全書總目提要》雖是集體作品，但由紀昀一手勒定，筆削一貫，使得體例整齊、思想劃一。[44]但同時，學者也

---

40 王汎森：《權力的毛細管作用——清代的思想、學術與心態》修訂版，頁353。

41 夏長樸：〈《四庫全書總目》對宋學的觀察與批評——以〈四書類〉為例〉，2016年3月17日在嶽麓書院講座，報導見「鳳凰國學」，（http://guoxue.ifeng.com/a/20160317/47926078_0.shtml），2016年3月21日訪問。

42 魯迅：《中國小說史略》（上海市：上海古籍出版社，2004年），頁192-193。

43 周積明：《紀昀評傳》（南京市：南京大學出版社，1994年），頁30。

44 周積明：《紀昀評傳》，頁68-80。

證明，乾隆皇帝對《總目》內容的形成起著主導控制作用。[45]合言之，這部目錄學鉅著反映的是君臣二人的意志，其中固有無數真知灼見，但也嵌入了二人共同的偏見。《總目》詬病宋明道學最多的，是說道學空談性理。摘錄幾條如下：

（1）三代以上，無鄙棄一切、空談理氣之學問。（經部《先天易貫》條）

（2）濂洛未出以前，其學在於修己治人，無所謂理氣心性之微妙也。（子部《儒家類二案》條）

（3）自宋以來，儒者例以性命為精言，以事功為霸術。……然古之聖賢，學期實用，未嘗日日畫太極圖也。（史部《兩浙海防類考續編》條）

（4）南宋積削之後，士大夫猶依經託傳，務持浮議以自文。（經部《春秋王霸列國世紀編》條）

（5）明人之蔽，直以議論亡國。（史部《欽定明臣奏議》條）

紀昀之惡道學空談，有晚年自撰《閱微草堂筆記》為證。有一則說的是：

某公以道學自任。……（一日）酒酣耳熱，盛談《西銘》萬物一體之理，滿座圍聽，不覺入夜。忽閣上有聲斥曰：「時方饑疫，百姓頗有死亡。汝為鄉官，既不思早倡義舉，施粥捨藥；即應趁此良夜，閉戶安眠，尚不失為自了漢。乃虛談高論，在此講民胞物與，不知講至天明，還可作飯餐、可作藥服否？且擊汝一磚，聽汝再講邪不勝正。」忽一城磚飛下，聲若霹靂，杯盤几案俱碎。某公倉皇出走。

---

45 參閱司馬朝軍：〈《四庫全書總目》編纂考〉（武漢市：武漢大學出版社，2005年）。

這種諷刺文學，比《總目》的文字就辛辣多了。

　　激烈抨擊儒者空談心性天理，清初顧炎武（1613-1682）開其先聲，他說「昔之清談談老莊，今之清談談孔孟……以明心見性之空言，代修己治人之實學」，至於「神州蕩覆，宗社丘墟」（《日知錄》），直把明朝的覆滅歸咎於這種士風學風。此即《總目》所言：「明人之蔽，直以議論亡國。」顧炎武以下，清代上至皇帝，下至儒士，大多喜歡講「實學」。區別在哪裡？顧炎武反對純哲學性質的清談（類似於思維語言遊戲的游談），但不妨礙他做孔孟的信徒，他積極開拓經、史兩條路徑做弘道的事業，其《日知錄》〈自序〉曰：「某自五十以後，篤志經史。」特別地，他的反思由明亡觸發，所以每每是反思王陽明心學的清談對國家社會的負面影響。今人往往憑全祖望《亭林先生神道表》中「經學即理學，捨經學而言理學之所謂理學者，禪學也」一句，認為顧炎武反對整個宋明理學，不知全祖望所本顧炎武〈與施愚山書〉原句為「理學之名，自宋人始有之。古之所謂理學，經學也。……今之所謂理學，禪學也」，對理學有兩個階段之分，宋人理學不棄六經，他是認同的。[46] 顧炎武是抨擊陸王心學帶來的束書不觀、游談無根之習，但絕不排斥朱學，江藩《漢學師承記》甚至說他「辨陸王之非，以朱子為宗」。實際上，明清之際的三大儒，都因為反思心學流弊而在情感上走近程朱。到了乾隆時候的《四庫全書總目提要》就不同了，基本上把「濂洛之後」都歸入了空談之列，整個理學受到非議，宋明儒全不能免。

　　應該說《四庫全書總目提要》從學術上貶低宋明學術並無決定性的意義，只有在文本之外繼續訴諸乾隆皇帝的態度、紀昀的態度、戴

---

46 近代以來誤認顧炎武反理學，始作俑者為梁啟超《清代學術概論》《中國近三百年學術史》，勞思光《新編中國哲學史》等因之。參閱崔海亮：〈經學詮釋與學統觀──以全祖望對「經學即理學」命題的詮釋為中心〉，《船山學刊》2012年第2期，頁71-75。

震的態度，才能嗅出其中的敵道學意味。這部目錄書長期以來是國學的入門書，直到今天還在左右著廣大讀書人對道學的判斷。

《四庫全書》的編纂反映了清儒對皇權敵道學的「默契」配合。這可能引發兩重誤會：承認清廷敵道學的人誤認為，清儒是清廷的熱情幫凶；相信清廷愛道學的人誤認為，清儒先知般地站在「封建朝廷」的對立面。具體如何，還要看看儒林尤其是漢學（或稱樸學、考據學）圈子本身的情況。以下便對戴震、毛奇齡、傅山、顏元數人做一番考察。

戴震，乾嘉樸學的代表人物，因撰有「性理三書」《原善》、《緒言》、《孟子字義疏證》，大概是乾嘉學人中唯一稱得上哲學家的，「以理殺人」一句就出自其中。近代以來，先是梁啟超以戴震為「宋明理學一大反動」，戴氏哲學是以「情感哲學」代「理性哲學」（《清代學術概論》，1920）；後是胡適給他貼上「反理學的思想家」的標籤（《幾個反理學的思想家》，1928）。他們沒有全錯，但失之片面與誇大，抓住一點不及其餘。

戴震的學術生涯以結識惠棟（1697-1758）為界，分兩期，前期是完全維護程朱理學的。[47]至於思想成熟的後期，我們看看皮錫瑞（1850-1908）怎麼說：「戴震作《原善》、《孟子字義疏證》，雖與朱子說經牴牾，亦只是爭辨一理字。」（《經學歷史》）這才是戴震「反理學」的原初之義，其內涵是相對狹窄的。朱熹說理氣不即不離，戴震說理在氣中；朱熹說存理去欲，戴震說理在欲中，欲去不得（肯定人情人欲）：這就是戴震反理學的內容了。戴震寓理於氣、寓理於欲的觀點，放在整個明清思想史看，一點不值得大驚小怪。蔡尚思教授說：「梁啟超《清代學術概論》特推許戴震的感情哲學，而不知在他的前後主張理欲合一者有數十人之多，同時代的則有袁枚。」[48]客觀

47 李帆：《清代理學史》，中卷，頁202。
48 蔡尚思：《中國禮教思想史》（上海市：上海古籍出版社，2006年），頁117。

地說，在張揚情欲這點上，比之湯顯祖、馮夢龍、李漁、袁枚等作家，戴震一點都不突出。

此外，戴震有不少地方反而是追隨朱熹的。他介紹自己的方法論：「經之至者，道也。所以明道者，其詞也；所以成詞者，字也。由字以通其詞，由詞以通其道，必有漸。」（〈與是仲明論學書〉）此猶顧炎武自述其音學等考據工作，終極關懷在於「明道救世」（《日知錄》〈自序〉）。戴震自稱是「著述之最大者」的《孟子字義疏證》（1777），就是戴震以訓詁明義理的代表作。奇妙的是，這種取徑其實是踐行朱熹「道問學」的精神，本是道學的一種工夫。這不是我們的附會，而是戴震同時代人章學誠（1738-1801）的看法：「戴君學術，實自朱子道問學而得之，故戒人以鑿空言理。」（《書〈朱陸〉篇後》）治學之外，於立身，惠棟家有楹聯：「六經尊服鄭，百行法程朱。」這兩句話應是清代樸學大師們的共同寫照。在更深的層面來說，此聯把治學之道與立身之道分開，把做學問與做人歸入不同的軌道，正好詮釋了一些清儒如何實現這種狀態──學術上「反理學」，人生上不「敵道學」。

最後認識一下戴震反理學的動機。第一，錢穆認為，戴學一派主以禮易理（《中國近三百年學術史》）。戴震根本是清代大批復興禮學之儒中的一員，他的經史考據一個基本的目的是弄清古禮。他絕對不反儒家禮教，也不可能輕視程朱道學對禮教的極力維護。第二，也是很多人注意不到的一點，戴震譏刺理學「以理殺人」這一公案，他的思想背景是什麼？作為近代標舉戴震哲學的第一人，章太炎的觀察是：

> 戴震生雍正末，見其詔令謫人不以法律，顧摭取洛、閩儒言以相稽，睍司隱微，罪及燕語。……震自幼為賈販，轉運千里，復具知民生隱曲，而上無一言之惠，故發憤著《原善》、《孟子字義疏證》，專務平恕，為臣民訴上天。明死於法可救，死於

理即不可救。……夫言欲不可絕，欲當即為理，則斯固隸政之
言，非飭身之典也。辭有枝葉，乃往往軼出閫外，以詆洛
閩。……紀昀攘臂扔之，以非清淨潔身之士，而長流污之行，
雖焦循亦時惑。（《釋戴》）

據此，戴震不是要罵朱熹「以理殺人」，而是影射清廷以理殺人，也
就是歷代真儒常常所恨的帝王、權臣的儒表法裡。宋明理學家也批評
統治者用「孔子誅少正卯」的名頭迫害異己，如果因此說理學家在攻
擊孔子，那也太荒謬了。說白了，是反思現實政治，與後來新文化運
動否定文化不可同日而語。戴震肯定人類情欲，不是宣揚個人淫逸，
而是希圖統治者注意到人們的正常需求。這其實就是他所喜歡的孟子
說過的那句話：「民之所欲，皆為致之。」可悲在於，很可能是緣於
雍乾之際的文網之密，戴震未能顯豁表示這種指向政治的批評，反而
被人誤以為針對程朱。章太炎對戴震的分析考慮到了各種關聯因素，
是可信的，而且符合我們對戴震的整體把握。

　　有清一代，經學成就卓然而專闢道學者，是稍早的毛奇齡（1623-
1716），而戴震不與焉。毛奇齡晚年成書《四書改錯》，縱其考據本
領，大罵朱熹，辭氣狂傲。該書開卷第一句便悍然曰，朱熹的《四書
章句集注》「無一不錯」。而且宣稱，「道學本道家學」，「纂道教於儒書
之間」（《辨道學》）。一種比較可信的觀點認為，毛奇齡因康熙帝初欲
覓非朱之說而著《四書改錯》，後又因康熙帝大舉褒崇程朱，無奈自
毀其版。[49]毛奇齡學殖固然深厚，但人品一向被詬病，他的敵道學可
以說是為了敵而敵，其作《四書改錯》，用心不在四書，不在朱熹，
而在名位。其言「道學本道家學」，也是故作驚人之語，稍讀書者皆

---

49 參閱孫蘊：《毛奇齡〈四書改錯〉研究》（煙臺市：魯東大學碩士論文，2012年），頁
　15-23。

知其非。總的來說，毛奇齡的敵道學，屬於很特殊的個人事件，是一個標新立異的性格下的偶然產物，對後世也沒有影響，不足深論。

傅山（1607-1684），著作中常能見「陋儒」、「奴儒」、「瞀儒」字眼。他汲汲於考證字源以破「理學」二字（以《字解》、《理字考》為代表），不以程朱為然。又主張性惡，分明是與理學家劃清界限。說：「吾以《管子》、《莊子》、《列子》、《楞嚴》、《唯識》、《毗婆》諸論，約略參同，益知所謂儒者之不濟事也。」（《霜紅龕集》卷二七〈讀管子〉）儼然是近代以諸子學關儒學的先驅。蕭萐父、許蘇民宣稱：

> 傅山對奴性的批判，是清初中國早期啟蒙思潮中的個性解放思想的時代最強音。在他的筆下，維護封建禮教的「腐奴」、充當專制主義幫凶的「驕奴」、依傍程朱的「奴儒」、投降滿清的「降奴」等等，通通受到了無情的揭露和批判；他大聲疾呼一要「覺」（覺悟），二要「改」（改造奴性）……進而呼籲一切人的平等和自由，呼喚一個徹底掃蕩了奴性，每一個人都堂堂正正地做人的新時代。[50]

事實如何呢？觀《霜紅龕集》，傅山雖好以「奴」字罵人，所罵只是在上位者（附庸最高權力的仕宦），而且根本沒有「奴性」之語。他斷無五四前後「國人皆奴隸且自安於奴隸」之說或所謂「國民劣根性」云云。傅山《家訓》「沒奴性底往有奴性裡改」一句（《霜紅龕集》卷二五），對蕭萐父、許蘇民立論至關重要，[51]不知實為「沒耳性底往有耳性裡改」之字誤。不僅如此，蕭、許之書對傅山《學解》等文字到處是有意無意的曲解。

---

50 蕭萐父、許蘇民：《明清啟蒙學術流變》（瀋陽市：遼寧教育出版社，1995年），頁419。

51 蕭萐父、許蘇民：《明清啟蒙學術流變》，頁425。

　　傅山固然常泛稱「儒」的不是，但絕大多數情況是，「儒」實指理學（或道學），而一旦語及理學，最常指的是依傍程朱名號之世人，也就是那些名利之徒。對真道學，傅山態度如何？他欣賞王陽明的致良知：「『明王道，闢異端』，是道學家門面，卻自己只作得義襲工夫。非陽明先生直指本源，千古殊（無）察覺。」（《霜紅龕集》卷三六〈雜記一〉）他與理學家孫奇峰多有來往，請他為母親寫墓誌銘（〈髦貞君陳氏墓誌銘〉）。

　　顏元（1635-1704），我們先看他實實在在地敵道學的一面。以下都引自中華書局一九八七年版《顏元集》。

（1）晦庵開口不是談禪，便是讀書，每閱一段，令人欲嘔，不知何以迷惑學者如是之深也？（《朱子語類評》）

（2）千餘年來率天下入故紙堆中，耗盡身心氣力，作弱人、病人、無用人者，皆晦庵為之，可謂迷魂第一、洪濤水母矣。（《朱子語類評》）

（3）但入朱門者便服其砒霜，永無生氣、生機。……朱子可謂千年書笥中迷魂子弟第一矣。（《朱子語類評》）

（4）去一分程朱，方見一分孔孟。（〈未墜集序〉）

（5）果息王學而朱學獨行，不殺人耶？果息朱學而獨行王學，不殺人耶？今天下百里無一士，千里無一賢，朝無政事，野無善俗，生民淪喪，誰執其咎耶？（《閱張氏王學質疑評》）

　　程朱陽明都罵到了，重點是朱熹。這等刻薄的語言，不亞於「新文化運動」中雜文家的手筆，只是顏元好歹還尊孔孟。略讀《朱子語類》就知道，朱熹絕不止教人讀書靜坐。或出於無知，或出於私憤，顏元因反感理學求靜的一面，不惜以點代面乃至人身攻擊，這是典型的敵

道學了。他說王學殺人、朱學殺人，要朱王為當下現實的不堪負總責，卻不說專制統治殺人，要權奸來負責，這種論調是古人中最接近五四啟蒙思潮的。

顏元把道學群體臉譜化並唾棄之，有一個生動的例子。《顏習齋先生年譜》四十五歲條載：

> 安州陳天錫來問學，謂程朱與孔孟，隔世同堂，似不可議。曰：「請畫二堂，子觀之：一堂上坐孔子，劍佩、觿、決、雜玉，革帶、深衣。七十子侍，或習禮，或鼓琴瑟，或羽籥舞文，干戚舞武；或問仁孝，或商兵、農、政事，服佩皆如之。壁間置弓、矢、鉞、戚、簫、磬、算器、馬策、各禮衣冠之屬。一堂上坐程子，峨冠博服，垂目坐如泥塑，如游、楊、朱、陸者侍，或返觀打坐，或執書吾伊，或對譚靜敬，或搦筆著述。壁上置書籍、字卷、翰硯、梨棗。此二堂同否？」天錫默然笑。

還是一個動與靜的高下之判。殊不知，程朱陸王，哪個不是能靜能動之人？不知是有意還是無意，成書於雍乾之際的《福建通志》中的《朱熹傳》，形成了對顏元的直接駁斥。文中說，朱子酷愛旅遊，「相傳每經行處，聞有佳深壑，雖迂途十數里，必往遊。攜樽酒，時飲一杯，竟日不倦。非徒泥塑人以為居敬者。」朱子一生足跡遍及閩、浙、贛、湘、皖，徒步為多，用現代的話說，運動量驚人。不管怎樣，顏元以泥塑形容道學家，可謂近代中國自嘲東亞病夫的嚆矢。梁啟超說顏元是中國古代提倡體育教育的第一人（梁啟超《顏李學派與現代教育思想》）。他的提倡是以誣衊道學為代價的。在顏元的時代，他的獨特在於，他敵理學家，也敵漢學家，連顧炎武他也不滿，原因很簡單，他們花「太」多時間讀書了。他說：「漢之濫觴，宋之理

學，皆偽儒也。必不得已，寧使漢儒行世，猶虛七而實三。」（《習齋紀餘》卷七）對漢學的同情好歹多一點。

再看顏元「不反道學」的一面，這主要跟一個事實有關——他的學問宗旨是禮教。顏元：「吾之所學者禮。」（《顏習齋先生言行錄》）李塨：「聖門惟重禮學。」（程廷祚《論語說》引）蔡尚思先生因此把顏李學派與朱熹相提並論：「朱熹誦讀古禮，顏元練習古禮，二人都是迷信禮教，教人把寶貴時間消耗在禮教上的。」[52]補充一句，朱熹不僅誦讀古禮，也踐行古禮，否則就不會有《家禮》之創設。

入清以後，學者人人倡實學，個個崇禮教，乃因禮教是實學的最重要部分。如顧炎武欲以經學「通經致用」，也重視禮，曰：「值此人心陷溺之秋，苟不以禮，其何以撥亂而反之正乎？」（〈答汪苕文〉）錢穆指出，顧炎武論學之要，「曰人才，曰教化，曰風俗，而尤謹致於禮，此皆其論經學之要端深旨所在也」（《顧亭林學述》）。顏元對經史考據有同情，是因為考據的初衷在於古為今用，包括古禮今用；又稱漢學為偽儒，是因為考據流為筆墨工夫，熟於禮卻疏於行禮，背離實學的宗旨。

顏李講禮，特注重禮容，王汎森指出，二人「恐怕是當時最嚴格的『禮』的原教旨主義者」。[53]顏元要人以禮持身，做到「莊肅」：「如吾莊肅，則人皆去狎戲而相敬。」（鍾錂《顏習齋先生言行錄》卷上〈言卜第四〉）如此強調莊肅，簡直是另一個程夫子了。李塨習禮一絲不苟，專門去查賈誼的《新書》，以定「立容」、「坐容」、「行容」、「旋容」、「趨容」、「乘容」。[54]殊不知，朱熹為了編訂一本有助世用的《儀禮經傳通解》，查遍禮書。禮教本是道學不可分割的部分，顏李

---

52 蔡尚思：《中國禮教思想史》，頁102。

53 王汎森：《清初「禮治社會」思想的形成》，載氏著《權力的毛細管作用——清代的思想、學術與心態》修訂版，頁44。

54 馮辰、劉調贊：《李塨年譜》（北京市：中華書局，1988年），頁105。

即使態度上貶低程朱，也還是做了宋儒常做的事，連他們熱衷的封建、井田制，宋儒也未嘗不涉足（張載、程顥、朱熹皆議井田經界法）。當顏李斤斤於習禮復古之際，想必也會被人譏為腐儒。從學術淵源論，清初禮學之興只是對明代禮學之衰的扭轉。顏李輩不知所止，欲一概打倒宋明道學，實則多半虛發，無的放矢，流於詬罵。

「五四」以來濃墨重彩的清代反理學史敘述，留下一種印象，彷彿清儒敵道學已成績斐然。綜觀以上數人可知，這是錯的。更有甚者，這種敘述嚴重掩蓋了來自最高層的政治敵道學才是這一時期最大的敵道學這一事實。

那麼清儒究竟如何配合了清廷？方式有兩種。第一種，以反對「空談」對接反對「清議」。清儒反對宋明道學，就觀念而言，反感的是它的形而上學（玄學）；就現實關懷而言，反感的是它的空談（玄談）；至於以「氣」抗「理」、以「欲」抗「理」等清代常見課題，甚至可以認為都是衍生出來的副產品。清廷的敵道學，則關鍵是反清議。清議的核心是議論朝政是非，而玄談的核心是哲學，對象原是不同的。但是，一則清議、玄談的姿態是一樣的，都是逞口舌筆墨之爭；再則儒家玄談的心性天道帶有強烈的倫理目的，常常落實為對統治者的一種規制。於是，清議政治與玄談哲學二者莫名其妙地被合為一物，統一置於「實學」的對立面做了靶子，本來可以視為儒家自我批評的反玄談加入了清朝皇權敵道學的聯合作戰。康雍乾三帝都號召「實學」，暗戒學者勿議朝綱宮闈，但在明面上卻與儒者的事業桴鼓相應。配合的第二種方式，就是清儒為了躬行反空談的理念，著力於實學（主要成績是經史考據），沉默於政治，很好地滿足了清廷的需要。這是學者共知的了。

清儒主流停止配合清廷敵道學，除去時局變化的外在因素，其功繫於今文經學的崛起，亦即乾嘉年間研究《春秋公羊傳》的常州學派流行之後。事在道光年間，其時清廷控制力已不復舊日之強。今文經

學家從春秋大義出發，感時憂世，志在事功，走向沉默的乾嘉學術的反面。今文經學的發展，出人意料的是，到清末康有為（1858-1927）著《新學偽經考》（1891），便以激烈絕對之言把《周禮》、《逸禮》、《左傳》、《易經》、《書經》及《詩》毛氏傳等經典一概認定為偽書，為「五四」之後反傳統的古史辨派抹殺儒家經典做了鋪墊；如顧頡剛、錢玄同等，對康有為的「大膽懷疑」精神頗引為同調。程朱道學是宋以後的傳經主體，道學大量理念還直接跟六經內容有關（特別是易經），因此康有為雖未詆毀過程朱陸王，哲學上且頗採陸王心學，[55]但其屢次重印的《新學偽經考》無疑對道學造成很大殺傷。

　　清末另一位承清代漢學發展之餘緒，衝擊儒學而為後人樂道者，是古文經學的殿軍章太炎（1869-1936）。他與康有為勢不兩立，堅持六經是真籍。然而他主張「六經皆史」，否定它們的崇高與恆久價值，從而大大降低了它們的權威。後來疑古思潮氾濫，也有章太炎的一份功勞。美國漢學家列文森談到：

> 在顧頡剛看來，當康有為指出那些公認的經書所記載的歷史大多都是可懷疑的時候，康有為是正確的，而當章炳麟宣稱，經書是歷史，是豐富的、然而有時難以理解的有關中國上古歷史的真實記載，而不是具有神秘的宗教性質的預言教科書時，章炳麟是正確的。[56]

康章二人的一生，一以偽經說神化孔子，一將經學史學化，都有激勵種姓、團結國族的用意。然而他們不僅都沒贏，反而讓顧頡剛他們占了兩重便宜。

---

55 見汪榮祖：《康章合論》（北京市：新星出版社，2006年），頁20。
56 約瑟夫・列文森著，鄭大華、任菁譯：《儒教中國及其現代命運》（桂林市：廣西師大出版社，2009年），頁76。

此外，章太炎更有一種流傳甚廣而直接的反儒言論。一八九九年，他在梁啟超主編的《清議報》發表〈儒術真論〉，抨擊儒家敬天地鬼神之說，以否定康有為的孔教。「以寧肯捨棄六經與論語的決絕方式建立『真儒術』」，[57]走出反儒第一步。同年稍晚，刊《訄書》，有〈訂孔〉篇，又〈學蠱〉篇稱程朱為「蠱民之學者」，〈學變〉篇言王守仁「立義至單」。章太炎詆儒斥孔之大作，是發表於光緒三十二年的《諸子學略說》。他據《莊子》〈盜跖〉、《墨子》〈非儒〉等篇，說孔子「詐偽」，說儒家中庸無異於鄉愿，說「儒家之病，在以富貴利祿為心」，說孔子「湛心利祿」。他繼承了傅山、漢學揚州學派（如汪中）等的成果，走到了抬高諸子學、貶低儒學的新高度。王汎森說，《諸子學略說》一九〇六年面世，「對清末民初知識界造成巨大的影響」。[58]別的不說，曾從學於章太炎的魯迅，批儒口吻便極相似。

　　章太炎批儒發生在一九一五年新文化運動爆發以前，先後受了先秦諸子學、佛學的影響。一九〇八年他發表《四惑論》，即以佛家物無自性之說破宋明儒天理之說。

> 洛閩諸儒，喜言天理。天非蒼蒼之體，特以眾所同認，無有代表之辭，名言既極，不得不指天為喻。而其語有疵瑕，疑於本體自在。是故天理之名，不如公理，可以見其制之自人也。驟言公理，若無害矣。然宋世言天理，其極至於錮情滅性。烝民常業，幾一切廢棄之。

「宋世言天理，其極至於錮情滅性」一句，還有些戴震的影子（章太

---

57 彭春凌：《儒學轉型與文化新命──以康有為、章太炎為中心（1898-1927）》（北京市：北京大學出版社，2014年），頁125。

58 王汎森：《章太炎的思想──兼論其對儒學傳統的衝擊》（新北市：花木蘭文化出版社，2010年），頁23。

炎很熟悉戴震）。如前述反理學但不敵道學的情況，章太炎這裡用字審慎，且無明顯敵意，基本上算不得敵道學。馬敘倫（1885-1970）回憶，章太炎一九一五年幽囚於北京錢糧胡同時，「談到理學，他倒感覺有趣，原來他對這門，以往還缺少深刻的研究，這時他正在用功，所以談上勁了。」[59]這解釋了為什麼他此前對道學發言較少，同時也反映了清代漢學長期發達的一個後果──不僅遵行道學的人少了，連了解道學的人少了。不得不說，這也是後來新文化運動掀起，把政治上、民俗上異化了的道學與真道學混為一談，卻幾乎無人能為道學一辯的原因之一。

　　汪榮祖先生提到，康章「對中國傳統思想的解放，起到了主導性作用」，然而進入民國以後，受他們影響的新生代知識分子大多反視他們為守舊與頑固；這是因為他們都要在大破之後大立，「長素（康有為）要逐步引導中國走向世界性的大同文明，而太炎則要建立一具有中國特色的現代中國文明」，此與「徹底破壞傳統，徹底西化」的新生代激進主義自是不相容的。[60]他又說，「康、章兩氏在中國近代思想史上的貢獻，『破』多於『立』。」[61]誠哉斯言。某種程度上，是經學今、古文之極端競爭鑄成此禍，此足為後世儒者之戒。

59 馬敘倫：《我在六十歲以前》（北京市：生活・讀書・新知三聯書店，1983年），頁52。

60 汪榮祖：《康章合論》（北京市：新星出版社，2006年），頁4-5。

61 汪榮祖：《康章合論》，頁5。

第四章
文學敵道學

第一節　蘇軾、李贄、袁枚

　　文學敵道學，始於蘇東坡。北宋王安石變法，蘇軾、程頤同屬司馬光舊黨。二人有隙，始於司馬光卒後。程頤主持司馬光喪禮，一依古制，為此把剛參加完喜事又來參加喪事的蘇軾拒之門外，蘇軾於是罵程頤「鏖糟陂里叔孫通」（《河南程氏外書》卷十一）。此後，蘇軾有機會就挪揄程頤。

　　此事還有一個版本，《續資治通鑑長編》卷三百九十三，元祐元年十二月壬寅條載：

> 明堂降赦，臣僚稱賀訖，兩省官欲往奠司馬光。是時，程頤言曰：「子於是日哭，則不歌，豈可賀赦才了，卻往弔喪？」坐客有難之曰：「孔子言『哭則不歌』。即不言『歌則不哭』。今已賀赦了，卻往弔喪，於禮無害。」蘇軾遂戲程頤云：「此乃枉死市叔孫通所制禮也。」眾皆大笑。其結怨之端，蓋自此始。

林語堂《蘇東坡傳》渲染此事，加強了今人眼中程頤的「腐儒」形象。看得出來，程頤、蘇軾的首次衝突夾雜了禮、俗的衝突，守古、權變的衝突，與二人性格有關，更與道學文學的根本矛盾有關。

　　程頤、蘇軾同朝為官，均有眾多依附者，司馬光死後，互相較勁，遂有洛蜀黨爭。這件事似乎應該算政治敵道學，然而正如朱熹所云，「二黨道不同，互相非毀」（《伊川先生年譜》元祐七年引《王公

繫年錄》），根子在於「道」不同，而所謂道，便是勢如水火的道學之道與文學之道。文道對立大致如何，看看朱熹評歐陽修、蘇軾的話就知道：

> （他們）大概皆以文人自立。平時讀書，只把做考究古今治亂興衰底事，要做文章，都不曾向身上做工夫，平日只是以吟詩飲酒戲謔度日。（《朱子語類》卷一三〇）

朱熹對韓愈也有類似批評。這些古文家，曰「文以載道」，相比其他文學派別，理念上已經相對靠近道學家。但文學之為文學，有它固有的屬性。朱熹說他們把做文章與做人分成兩件事，這無疑符合純文學的特點。

且看文豪蘇軾如何敵道學。李心傳說：

> （伊川）在經筵，容貌極莊，多所規諫。既以天下自任，議論褒貶，無所顧避，故同朝之士，以文章名世者，疾之如仇。（《道命錄》卷一）

「以文章名世者」是誰？當然就是蘇軾及其同道。另有一事，朱熹提到：

> 東坡與伊川是爭個甚麼？……只看東坡所記云：「幾時得與他扐破這『敬』字！」看這說話，只要奮手掉臂，放意肆志，無所不為便是。只看這處，是非曲直自易見。（《朱子語類》卷一三〇）

道學家總是談「敬」，叫蘇軾很不舒服，因為他的生活常態是放恣，

若要莊敬，便是與他過不去。東坡之不悅伊川，是積極付諸政治行動的，於是就有了上章提到的孔文仲劾程頤之事。孔文仲指責程頤給哲宗講課太嚴苛、太愛講道德，並對程頤發動人身攻擊，這些都令人印象深刻。孔文仲發力之後，蘇軾自己接著上疏，謂「臣素疾程某之奸，未嘗假以辭色」（《道命錄》卷一）。程頤這邊勢小，反抗無力，最終被逐出朝。洛蜀之爭是宋代政治史上的小事，卻是文道關係史上的大事。

如不限於道學，則文章之士侮慢儒門聖賢實古已有之。遠的不說，只舉北宋一個極端的例子。《朱子語類》卷一二九記載，名士蘇舜欽、梅堯臣輕儇戲謔，有一次在進奏院聚會同好，「盡招兩軍女妓作樂爛飲，作為傲歌。王勝之名直柔，句云：『歌倒太極遣帝扶，周公孔子驅為奴。』」李燾《續資治通鑑長編》卷一五三作「醉臥北極遣帝扶，周公孔子驅為奴」。朱子所說的文人「吟詩飲酒戲謔」三事，他們都占了。這次事件發生於仁宗朝，當時有慶曆黨爭，蘇、梅等人站在正義的范仲淹這邊，朱熹甚至稱他們為「君子黨」。但就這樣，他們喝了酒還是難免要把「周公孔子驅為奴」。這醉後的矯激之辭，是他們平時不敢說的心裡話。

回到程頤以下的文學敵道學。當朱熹陷入慶元黨案的槍林彈雨中時，也受到了來自文學的火力。淳熙十年（1183）六月，陳賈奏言，近世道學是「假其名以濟其偽」。他與當時其他攻道學者有一點不同，是引蘇洵之言為助，曰：「事之不近於人情者，鮮不為大奸慝。」三蘇的人生哲學，是以私情為真，以公理為偽，這種關於情的哲學簡直專門針對道學而發，後在明清之際大放異彩。值得一提的是，陳賈敢援引蘇洵，大概也有當朝皇帝的原因，宋孝宗欣賞蘇軾遠在程頤之上（見葉紹翁《四朝聞見錄》乙集〈洛學〉）。

講完蘇軾，我們對文學敵道學的類型做個劃分。（1）出於維護一種文學的風流人生觀，去攻擊仁學、禮教等構成束縛的東西，蘇軾即

屬此類，可以叫作人生觀上的敵道學。（2）出於維護一種文學的審美觀，看不起道學家的文學創作，猶如道學斥文人「無行」，文人則斥道學「無文」，例如貶低道學家的說理詩，以為不是詩云云，這可以叫作審美觀上的敵道學。（3）還有一類，文人行止有違禮教，甚至不加掩飾，敗壞風氣。諸如明末公安派領袖袁宏道，早年縱情聲色犬馬（參考袁〈與龔惟長先生書〉論「人生五快活」）；明末竟陵派領袖鍾惺，顧炎武批評他，丁憂去職第一件事竟是帶姬妾遊覽武夷山（《日知錄》卷十八）；明末復社張岱，其〈自為墓誌銘〉說自己少時「好美婢，好孌童，好鮮衣，好美食，好駿馬」。凡此種種，本質上自是敵道學的（即本書「緒論」中定義的精神敵道學），但畢竟他們沒有為此特意攻擊道學，所以可以不列入文學敵道學。袁宏道〈與龔惟長先生書〉，但有一「快活」是「文唐宋酸儒之陋」，當歸入審美觀上的敵道學。

　　人生觀上的敵道學與審美觀上的敵道學，後者不那麼複雜，不妨先了解。下面引幾段話，都出自晚明以後，這是文學意識極度膨脹的時期。第一段是袁宏道的：

> 山有色，嵐是也。水有文，波是也。學道有致，韻是也。山無嵐則枯，水無波則腐，學道無韻則老學究而已。昔夫子之賢顏回也以樂，而其與曾點也以童冠詠歌。夫樂與詠歌，固學道人之波瀾色澤也。（〈壽存齋張公七十序〉）

袁宏道這裡沒有多少敵意，只是不點名地把程頤一類不講生活情調、不善詩文的道學人士貶作「老學究」。袁宏道作文講究「獨抒性靈、不拘格套」，一方面反對前後「七子」拘泥文章古法，另一方面追求文采，對道學乾巴巴講道理的一套自是不喜。

　　第二段是傅山的：

> 凡所稱理學者，多不知詩文為何事何物，妄自謂我聖賢之徒，
> 豈可無幾首詩、幾篇文字為後學師範？遂高興如「何物清意
> 味，何物天下理」而已矣。也有幾篇行世，其為之弟子者又不
> 知其先生父兄之詩文為何物，以為吾師吾父吾兄之詩文豈有不
> 佳者？盡氣力為之表揚，不顧人禁受得與否，而唯恐其人之不
> 聞不見也。以故長耳下風，動輒數十卷，只得教人叫奈何耳。
> 此事俑於宋而至於今遂大盛。[1]

最後一句話透露，傅山對邵雍、朱熹為首的說理詩很有意見。傅山的
第一身分還是儒士，但這段話顯示了他欲以文爭勝的一面。

第三段則是紀昀對理學文藝觀的批評：

> 以講學為詩家正脈，始於《文章正宗》。白沙、定山諸集，又
> 加甚焉。至廷秀等，而風雅掃地矣，此所謂言之有故，執之成
> 理，而斷斷不可行於天下者也。(《四庫全書總目提要》集部
> 《詩譚》條)

另一處紀昀表示，真德秀編選的《文章正宗》是「以理為主」，這好
比吃飯穿衣不求好吃好看，只為禦饑禦寒，決不能行之久遠(《四庫
全書總目提要》集部《崇古文訣》條)。「以理為主」，「言之有故，執
之成理」，也是今人寫學術論文的要求，文學之士斷然是看不上的。

以上三段都偏重說文采。此外，文學在審美上一個自然的傾向是
求新求異，不論內容還是形式，如杜甫就說他寫詩是「語不驚人死不
休」。「獨抒性靈，不拘格套」的袁宏道在這方面的表現格外突出，清
初的賀貽孫評價袁宏道：「寧有時而傷莊重，寧有時而傷渾雅，……

1　傅山：《傅山手稿一束》，《中國哲學》(北京市：三聯書店，1983年)，第10輯。

必不肯語一字蹈襲古人，掩其性靈，縛其才思，窘其興趣。」（《水田居全集》文集卷五〈示兒二〉）袁宏道的求新本是針對前後七子的復古擬古而發，當他寧要新異不要莊重，意味著他也不會尊重道學溫柔敦厚的詩教。

　　以下重點談談李贄諸人。近代以來，李贄被推崇為古代反對「封建禮教」的集大成者，在啟蒙話語中的思想地位古人無出其右。今天仍然有人崇拜地說：「李贄即魯迅之前身，魯迅乃李贄之再世。」[2]客觀地說，他們的確稱得上古今批儒的兩面旗幟。

　　定位李贄本是比較棘手的。他是王門泰州學派的傳人，最應該從他與焦竑、何心隱、耿定向、耿定理的交叉去認識他，也就是哲學史視角；同時，論者又頻繁把他與袁宏道、湯顯祖、馮夢龍的文學創作與發表關聯，而且他最重要的思想篇章〈童心說〉本是文論，這便要求文學史視角。我們這裡把他定位為文學敵道學，是綜合了這兩種視角的。李贄的思想，一言以蔽之，是主張文學型的人生觀。何謂文學型的人生觀？主情，主才，主個體經驗，主多元自由，輕理性，反教化，儒釋道均不足為約束──這至少是中國傳統的純文學的性格。漢末魏晉之際，純文學漸漸成形，文道分裂。此後二者鬥爭綿延不絕，在政治上的典型表現就是科舉考試以詩賦為主還是經義策論為主。探其源，我的觀點是，這種文學性格主要是《離騷》的浪漫主義與莊子精神的匯流，用一個字表示，是「情」與「狂」的匯流。李贄不是文學能手，卻很可能是宋元明清為這種文學性格所代表的人生觀進行論證與辯護的最重要人物，因此我們把他歸入文學敵道學，與蘇軾一隊。

　　李贄成為騷人狂士文學傳統的話筒，究其原因，卻有些偶然，因為他的思想不是生發自這種文學傳統，而是站在反面的儒家的陽明學

2　司馬朔：《李贄評傳：一個異端思想家的心靈史》（桂林市：廣西師大出版社，2010年），頁332。

所成就——正是陽明學末流依著自己的邏輯走向「情」與「狂」二字，不意與文學精神完美對接。這很諷刺，是中華多元文化系統的微妙所致。至於陽明學之流變或異化，黃宗羲言之盡矣，稍摘幾條如下，讀者鑒之。

1. 陽明重「情」，有曰：「先王制禮，皆因人情而為之節文，是以行之萬事而皆準。」等等。以下為陽明情說的異化。

（1）以情為情愛。《明儒學案》〈江右王門學案四〉黃宗羲評劉邦采：「陽明亡後，學者承襲口吻，浸失其真，以揣摩為妙悟，縱恣為樂地，情愛為仁體，因循為自然，混同為歸一。」〈泰州學案三〉評楊起元：「以夫婦知能言道，不得不以耳目口鼻四肢之欲言性。」

（2）以情為情識：〈南中王門學案一〉黃宗羲評黃省曾謂蘇秦、張儀「窺見得良知妙用處，但用之於不善耳」，曰：「以情識為良知，其失陽明之旨甚矣。」

（3）以情為世情。〈泰州學案四〉黃宗羲評耿定向「道不可與愚夫愚婦知能，……不可以為道」一句，曰：「其說未嘗不是，而不見本體，不免打入世情隊中。」

2. 陽明重「樂」，有曰：「樂是心之本體，雖不同於七情之樂，而亦不外於七情之樂。」（《王文成全書》卷二），此樂本是樂於道，典範是顏淵、曾點、邵雍之樂。門人中，王艮開始極力突出「樂」字。黃宗羲論其可能的變異：「此處最難理會，稍差便入狂蕩一路。」（〈泰州學案一〉評王襞），再者，陽明倡「狂」，有曰：狂者「真有鳳凰翔於千仞之意，一克念即聖人矣。」（《王文成全書》卷三四），然亦曰：「聖人教人不是束縛他通做一般，只如狂者便從狂處成就他，狷者便從狷處成就他，人之才氣如何同得？」（《王文成全書》卷三），至王畿則曰：「苟能自反，一念知恥即可以入於狷，一念知克即可以入於狂，一念隨時即可以入於中行。」（《龍溪王先生全集》卷一〈與梅純甫問答中〉），於陽明，狂狷天生而後成就；於王畿，無狂狷

亦可即時有之。黃宗羲曰,王畿與錢德洪「親炙陽明最久,習聞其過重之言」(〈浙中王門學案一〉)。想必陽明倡狂之語,亦在其中。凡此二變,漸漸使儒家之樂與狂,同於文學之狂。

李贄性格的「狂禪」,本身也是以上第二個異化的一個線索。至於第一個異化,「情」的異化,他的身沒有參與,但他的思考參與了,而且非常積極。其所謂「童心」、「初心」、「真心」云云(見《焚書》卷三〈童心說〉),拒斥聞見,又拒斥道理,雖不是不可能表現為直覺性的良心,但更多的將是情欲本能。

論個人關係,李贄確實也十分欣賞蘇軾。李贄《焚書》卷五〈文公著書〉,楊慎說蘇軾「道德文章,古今所共仰也」,朱熹卻「力詆之」,他表示不解。李贄的看法是,「坡公好笑道學,文公恨之,直欲為洛黨出氣耳」。他根本認為朱熹「不知」蘇軾,而他是懂的:「文忠困阨一生,盡心盡力幹辦國家事一生。據其生平,了無不幹之事,亦了不見其有幹事之名,但見有嬉笑遊戲,翰墨滿人間也。」他的話對不對不須深究,只看他對蘇軾的推重即可。

以下略述李贄敵道學的事蹟言論。李贄同時人沈瓚介紹:

> (李贄)好為驚世駭俗之論,務反宋儒道學之說……儒釋從之者幾千萬人。其學以解脫直截為宗,少年高曠豪舉之士,多樂慕之。後學入狂,不但儒教潰防,即釋宗繩檢,亦多所清棄。(《近事叢殘》)

李贄白述他自小厭惡「道學先生」:「自幼倔強難化,不通道,不信仙釋,故見道人則惡,見僧則惡,見道學先生則尤惡。」(《陽明先生道學鈔》〈陽明先生年譜後語〉)有趣的是,後來袁枚說過幾乎一模一樣的話:「僕生性不喜佛,不喜仙,兼不喜理學。」(《小蒼山房尺牘》卷七〈答項金門〉)

　　從《焚書》、《續焚書》能清楚地看到，李贄不恨孔子，他對儒家的恨，是對孔子獨尊的恨，是反感一切學他、跟隨他、稱他名的人。他的哲學是耕稼陶漁、萬聖千賢皆可取，不必學孔子（《焚書》卷一〈答耿司寇〉），他要求「人但率性而為，勿以過高視聖人之為可也。堯舜與途人一，聖人與凡人一」（《明燈道古錄》卷上）；這有很深的泰州學派思想印記，只是更極端。他否定孔子之後的所有儒者，說「自孔子後，學孔子者便以師道自任，未曾一日為人弟子，便去終身為人之師」（《焚書》卷一〈答劉憲長〉）。他於言必稱孔子帶有本能似的反感，孟子因為一句「願學孔子之說」，便謂之「非夫（不是大丈夫）」（《焚書》卷一〈答耿中丞〉）。另一方面，李贄的眾多文字表明，他不僅敬服孔子，對曾子、孟子、王子以及王門諸前輩都是心服的。正如溝口雄三所言，李卓吾是很反對後人對孔子邯鄲學步，另一方面卻是主張繼承孔子精神的，「也就是孔子拋棄一身一家的求道精神」。[3]李贄〈三教歸儒說〉一文，開篇說三教皆以聞道為目的，顯示了他的兼容並蓄，接著勾畫了一條儒家在孔顏之後，日趨日下的線索──最早是孔子門人為富貴所移，其下為漢儒附會，其下為宋儒穿鑿，其下為遵從宋儒穿鑿──「其流弊至於今日，陽為道學，陰為富貴，被服儒雅，行若狗彘然也」（《續焚書》卷二）。最後一句話是罵當世那些假冒道學家的，但今人往往把它當成罵整個道學。不管怎樣，更多時候他並不像這裡一樣，具體分析道學的歷史演變，他喜歡泛言偽道學。這跟他的哲學有關，非出真心者即為假人假言（〈童心說〉）。換句話說，盜跖口不言善，身不行善，反而是真人；道學說仁說義，有絲毫做不到，即是假人。這種無善無惡的真偽觀，屬於極端的敵道學。

　　李贄的真人假人觀以追求「真性情」的面目出現，晚明以後極流

3　溝口雄三著，孫軍悅、李曉東譯：《李卓吾：一個正統的異端》，見《李卓吾‧兩種陽明學》（北京市：生活‧讀書‧新知三聯書店，2014年），頁56。

行，士人窮奢極欲但不諱言者，便是「真人」、「真性情」。它最大限度地契合了主情的文學傳統，晚明以下三大主張「性靈」的文學流派，公安派、竟陵派以及袁枚一派，無不受其啟迪扶持。袁枚解釋，性靈是「性情」＋「靈機」（《小蒼山房文集》卷二八〈錢璵沙先生詩序〉）。性情就是真情與個性，靈機就是才；才是對作者的要求，（真）性情是對人的廣泛要求。袁枚本人完美地踐行了李贄意義上的「真人」，他妻妾成群，尋花問柳，但毫不隱瞞自己的好色。他告訴友人：「好色不關人品，何必故自諱言哉？」（蔣敦復《隨園軼事》〈說好色〉）他明白表示自己對女色的要求（身長膚白腰細不纏足等）。普通的妓席他看不上，同好以為他「遁入理學」，他寫信辨其非：「我素非莊士，先存好色之心，欣欣然而來，不料一登妓席，被其惡狀阻興……」（《小倉山房尺牘》卷六〈辭妓席札〉）。袁枚急於與道學劃清界限。

李贄主情，主才，主種種他物，總之處處要與儒家的道德主義立異，其《藏書》評點歷史，「以呂不韋、李園為智謀，以李斯為才力，以馮道為吏隱，以卓文君為善擇佳偶，以秦始皇為千古一帝」（顧炎武《日知錄》卷十八〈李贄〉）。《四庫全書總目提要》集部《藏書》條：「惟此書排擊孔子，別立褒貶，凡千古相傳之善惡，無不顛倒易位。」如此標新立異，非倡狂而何？劉聲木（1876-1959）說：「明自桑悅、李贄、屠隆等以狂悖文其奸，士習為之一變，迄於明亡而禍猶未已。」（《萇楚齋隨筆》卷六）相比屠隆（1543-1605）的放蕩，李贄私生活算檢點的，而論打破名教是非標準的狂悖，屠隆遠比不上李贄。袁枚當然也是狂人，而且是自覺地狂，他評自己與朋友楊潮觀的區別：「余狂，君狷。」（《小倉山房續文集》卷三十〈邛州知州楊君笠湖傳〉）

需要強調的是，李贄意欲打破儒佛道的各種偶像，但關鍵時刻不會出賣自己身處的民族與文化，像二十世紀新文化運動中的一些人那

樣。李贄與利瑪竇有往來，對他很欣賞。他向友人介紹利瑪竇：

> （利瑪竇）大西域人也。……及抵廣州南海，然後知我大明國
> 土，先有堯舜，後有周孔。……住南海肇慶，幾二十載，凡我
> 國書籍無不讀。……我已經三度相會，畢竟不知到此何干也。
> 意其欲以所學，易吾周孔之學，則又太愚，恐非是爾。(《續焚
> 書》卷一〈與友人書〉)

利瑪竇所帶來的精緻的西學、破除偶像的基督教，並沒有讓李贄產生
西化的念頭，相反，他對利瑪竇保持警惕。「我大明國土」、「吾周孔
之學」云云，讓人沒有忘記他華夏子孫、陽明後學的身分。

　　以主情與主狂為標準，明清大量文人、學者便要進入文學敵道學
的序列中，包括唐寅（1470-1524）、徐渭（1521-1593）、湯顯祖
（1550-1616）、馮夢龍（1574-1646）、公安三袁、李漁（1611-
1680）、袁枚、紀昀等諸多名人，即便他們未嘗有惡語及於道學。他
們可能主情，可能主狂，也可能兼而有之，而每一種又可以程度不
一，最終造成他們敵道學的情形千差萬別。像唐寅、徐渭，狂的成分
多。像袁枚，兼而有之，而偏於情。至於湯顯祖、馮夢龍、李漁，其
實有意平衡情欲與禮教，其俗文學作品有時甚至帶著明顯的勸俗目
的。如李漁《慎鸞交》的主人公華秀與妓女交好，是個既風流倜儻又
不逾越禮教的文人，而《慎鸞交》的收場詩是：「讀盡人間兩樣書，
風流道學久殊途。風流未必稱端士，道學誰能不腐儒。兼二有，戒雙
無，合當串作演聯珠。」然而總的來說，文學作品談男女情愛，總是
傾向於把情愛無限放大，禮法即使有，也只作邊緣化的處理。實際
上，明清之際就連最露骨的色情小說也要設法依傍一點正面的東西，
包括李漁的《肉蒲團》，正如茅盾談中國古代性欲文學時所說的，「描

寫極穢褻的事，偏要頂了塊極堂皇的招牌──勸善」。[4]這種勸善當然缺乏誠意。打個不恰當的比方，二十世紀八、九十年代香港生產過許多警匪電影，全篇都在講怎麼犯罪，最後一分鐘警車聲才響起，比例極不對稱，只為應付社會觀感，大部分觀眾得到的無非是犯罪的情景。朱彝尊《靜志居詩話》談到湯顯祖：「其《牡丹亭》曲本，尤極情摯。人或勸之講學，笑答曰：諸公所講者『性』，僕所講者『情』也。」今人謂湯顯祖「以情抗禮」，要把他塑造為反禮教作家。從朱彝尊的記錄看，湯顯祖並沒有把他講的情與道學家講的性對立起來，他的意思更像是寫戲與講學是一種分工。之所以有這種可能，是因為儒學並不排斥情，如《詩經》本多男女相悅怨悱之事，只是要「發乎情而止乎禮」。然而湯顯祖一味講情，情即使做最善意的理解，也是有善有惡，沒了或內在或外在的約束，一不小心，便收拾不住；縱使湯氏本人無意，奈何傳出去後他人往壞的一面輕易延伸開去，發展為實質性的敵道學。湯顯祖、馮夢龍、李漁以及小說《紅樓夢》都有這個問題。這裡還涉及到小說戲曲一個獨有的問題，它們作為俗文學，傾向於以大眾消費市場為目標，其內容要迎合大眾的趣味。這也是明清豔情小說繁榮的原因，而豔情小說何嘗不「主情」？

關於袁枚，多說幾句。他對宋代理學沒有大的意見，對其儒學形上學化的歷史功績反多有表彰；他是清代罕見的讚賞宋儒講學談心性的人，只是同時認為「講學在宋儒可，在今不可」（《小倉山房文集》卷二一〈宋儒論〉）。他甚至能客觀看待程朱、陸王流弊的大小不同：

> 程朱講學，陸王亦講學。其於聖道，互有是非。然天下士多遵程朱，少遵陸王。故何也？程朱流弊，不過迂拘；陸王之弊，一再傳而奸猾竄焉。其弊大，故其教不昌。（《小倉山房文集》卷十七〈答蘭垞第二書〉）

4　茅盾：〈中國文學內的性欲描寫〉，《小說月報》第17卷號外（1927年6月）。

袁枚之恨，一恨朱熹的道統說，二恨程朱的存理滅欲之說，後者最是他不能容忍的。[5]卻基本上未出過惡語。僅有的兩例，《續子不語》卷五〈麒麟喊冤〉用「稻桶」嘲諷「道統」；《小倉山房續文集》卷五〈讀《胡忠簡公傳》〉為大忠臣胡銓戀妓女被譏鳴不平，毫不客氣地罵朱熹「腐儒」。

最後我們要指出，有一種似是而非的文學敵道學。何謂也？明清一些文人或文學作品本非敵道學，但因若干疑似成分，被新文化運動以來的讀者或研究者有意無意當作了敵道學。典型是吳敬梓（1701-1754）及其《儒林外史》。小說中的范進中舉等生動篇章，近現代一些文學評論家一再表彰，視為對舊禮教、舊道德、舊社會的無情諷刺。事實呢？吳敬梓止於描寫清代下層士人的不堪，並未預設反儒的立場，相反，是儒家批判精神的某種實施。譬如程朱都批判過科舉（科舉的空洞化、功名化），宋明道學不事科舉者大有人在。《儒林外史》後半部褒揚苦行節孝，更是印證了清代一干儒者反空談心性背景下重建禮教的努力。[6]

紀昀《閱微草堂筆記》〈灤陽消夏錄四〉有個故事如下：

> 有兩塾師鄰村居，皆以道學自任。一日，相邀會講，生徒侍坐者十餘人，方辯論性天，剖析理欲，嚴詞正色，如對聖賢。忽微風颯然，吹片紙落階下，旋舞不止。生徒拾觀之，則二人謀奪一寡婦田，往來密商之札也。

與《儒林外史》一樣，它描寫的是某些下層讀書人的虛偽。傑出的道學理論家都難免有時言行不一（例如明儒耿定向），下層讀書人更少

5　參閱王英志：《袁枚評傳》（南京市：南京大學出版社，2002年），頁330-347。

6　參閱商偉著，嚴蓓雯譯：《禮與十八世紀的文化轉折：《儒林外史》研究》（北京市：生活‧讀書‧新知三聯書店，2012年）相關論述。

不了魚龍混雜，儒家對此本不掩飾。

袁枚《子不語》卷二十二有篇〈狐道學〉，也諷刺了這種以陽為道學陰謀利益者：

> （有胡姓人攜其子孫奴僕數十人，借住孫家。）其室中有琴劍書籍，所讀者皆《黃庭》、《道德》等經，所談者皆「心性」、《語錄》中語，遇其子孫奴僕甚嚴，言笑不苟。孫家人皆以「狐道學」稱之。孫氏小婢有姿。一日，遇翁之幼孫於巷，遽抱之，婢不從，白於胡翁。翁慰之曰：「汝勿怒，吾將杖之。」明日，日將午，胡翁之門不啟，累叩不應。遣人逾牆開門閱之，宅內一無所有，惟書室中有白金三十兩置幾上，書「租資」二字。再尋之，階下有一掐死小狐。法子曰：「此狐乃真理學也。世有口談理學而身作巧宦者，其愧狐遠矣。」

本篇主旨實為表彰一種真道學。道學的談心性、道學家的言笑不苟在這裡都是正面呈現，這在乾嘉時期實屬稀有之愛道學現象。今天一些人沒看出這點也就罷了，偏把整個故事解讀為批判「道學是偽」，可謂牽強之極。

總的來說，乾嘉時期的這些諷刺文學，就文本自身而論，只是批判當時存在的不良社會現象而已；它們某種程度上肩負起了本應由那些已轉向樸學的儒士學者們肩負的清議之責。當時偽劣道學的大範圍流行，根子在於清廷一面大打道學招牌一面壓制道學真精神。這種兩面手法的必然結果是，口稱道學的功利之徒滿地走。又因為壓制，連文學也只好做有限的諷刺而已。

第二節 「假名儒不如真名妓」

自古以來，名儒與妓女（豔女）的故事是文學與民間熱衷的話題。

　　程頤赴宴，見座中有妓，拂衣而走，馮夢龍《古今譚概》〈迂腐部〉所載的這個故事，前文已引。馮夢龍同意，心中有妓的程頤不如心中無妓的程顥。除了《古今譚概》的展示，馮夢龍《情史》卷十五〈情芽類〉也有馮氏託名「情主人」的評點：「伊川之強制，萬不若明道先生。」

　　在同個地方，馮夢龍評點了古今一系列嚴拒女色的清潔之士：

> 吾謂王昆之回面，避妓也；陳烈之逾牆，逃妓也；楊忠襄之焚衣，誓妓也。又徵仲之弄臭腳，果以求脫妓也。是皆情之至者，誠慮忽不自制，故預違之。故魯男子之情，十倍於柳下惠。

關於陳烈，《四庫全書總目提要》介紹：「烈聞官妓唱歌，才一發聲，即越牆攀樹遁去，講學家以為美談。」（集部《肝江集》條）關於「魯男子」，《詩》毛傳記載，「魯人有男子獨處於室，鄰之嫠婦又獨處於室。夜，暴風雨至而室壞，婦人趨而託之，閉戶而不納」，婦人責怪男子，為什麼不能學學柳下惠？馮夢龍是極看重「情」的，他的意思，程頤、魯男子、陳烈輩看似絕情，實際上恰恰由於多情多欲，才選擇逃避女色；而柳下惠、程顥輩情欲寡淡，根本不必強制自己逃避，其境界顯然高一籌。

　　《情史》之〈情芽類〉還收錄了北宋趙抃情欲萌動，召妓，最後強制扼殺「情芽」的故事：

> 趙清獻公帥蜀，有妓戴杏花，清獻戲語之曰：「鬢上杏花真有幸。」妓應聲曰：「枝頭梅子豈無媒？」逼晚，使值宿老兵呼之。幾二鼓，不復至，復令人速之。趙周行室中，忽高聲自呼曰：「趙忭（抃）不得無禮！」遂令止之。老兵忽自幕後出曰：「某度相公不過一個時辰，此念息矣。雖承命，實未嘗往也。」此老兵乃真道學，清獻公不如也。

這個故事，明代《靳史》、《金罍子》、《天中記》、《堯山堂外記》等由古人筆記輯錄而成的集子都有收。對照可知，「此老兵乃真道學，清獻公不如也」一句是馮夢龍自己加的話，洩露出他對道學一貫的態度。平心而論，趙抃能設法戰勝自己的欲望，已屬難能可貴，但馮夢龍還是不滿意，以為趙抃的道學有水分。

程顥心中無妓，與柳下惠坐懷不亂相彷彿。而三代聖賢中最像程頤的莫過於伯夷。伯夷「非其君不事，非其友不友，不立於惡人之朝，不與惡人言」，有似道德潔癖，程頤在世人眼裡何嘗不是如此？再者，程頤的警句，「餓死事小，失節事大」，古今還有誰比伯夷更擔得起它？對於伯夷與柳下惠，孟子的評語分別是「隘」與「不恭」（《孟子》〈公孫丑上〉）。同時，孟子又說，伯夷是「聖之清者」，柳下惠是「聖之和者」（〈萬章下〉）。可知，對孟子而言，伯夷、柳下惠各有千秋，都很好，但都不是最好。出人意表的是，到了道學階段，程頤的「清」被認為明顯比不上程顥的「和」。究其原因，明代馮夢龍等有傾向性的傳播「功不可沒」。

以「情教」行世的馮夢龍，對程頤一類人能自我防閑、壓制情欲，其實是做了有限度的肯定的。只是馮夢龍的哲學畢竟是李贄式的「真性情」哲學，以聽從「最初一念之本心」為真人真心（〈童心說〉）。照馮夢龍的分析，程頤輩有情，而且是「至情」，卻刻意拂逆之，無疑「失卻真人」（四字見〈童心說〉）。馮氏就這樣把程頤、把道學送入虛偽之列。

無法忽略的是，古來以妓女話題非議道學的，無一例外都是關於程朱道學（下面還會看到）。這與陸王心學在歷史舞臺的曇花一現有關，更與陽明心學工夫不重制欲甚至反對制欲有關。[7] 所謂制欲，就是馮夢龍筆下程頤、趙抃的手段。在這點上，馮夢龍、李贄與王陽明

7　泰州學派顏鈞曾教導羅汝芳要「體仁」，不要「制欲」（《明儒學案》〈泰州學案三〉）。

的道學達成了一致。但是反過來，馮、李的「真性情」理念、「真人」理念既能容納柳下惠、程顥的不強制境界，也能容納袁枚式的想嫖就嫖的作風，則非陽明所能認可。

二十世紀前期選擇以美色擊破聖賢外殼的文學創作且形成重大影響的，恐怕要屬現代的「性靈」派作家林語堂寫的《子見南子》（1928年11月《奔流》雜誌）。這是一個萬餘字的話劇劇本，林語堂把筆頭對準了孔夫子與淫婦南子。劇中南子被演繹成新時代女性，要「男女平等」，要「解放」。臨了，南子「形骸放浪」地彈奏一向被後世儒者認為是展現衛國淫奔之風的〈桑中〉詩，並與歌妓合舞，至令「孔子、子路都目不暇顧，心神嚮往」，以為世間竟有如此美妙的樂舞。孔子一貫的信念被動搖，儘管仍保持「莊嚴」之貌，也只好在心理矛盾中倉皇逃走。此與馮夢龍筆下諸多的逃妓、避妓故事，豈非如出一轍？林語堂除了多一些女性解放的內容，重點也是突出儒者的一個偽字。

一九二九年暑假，位於曲阜的山東省立第二師範學校的學生在學校大禮堂表演《子見南子》，不久又到孔廟前加演一場。表演轟動一時，引起各方關切，中央政府介入，教育部調查。結果是新舊兩派妥協：「教育部的意見是，二師演戲不等於侮辱孔子。校長雖未遭查辦，但卻以另有任用為由而調走。」[8]當然，如果馮夢龍不算侮辱程頤、趙抃，林語堂就不算侮辱孔子。

《子見南子》一戲是林語堂幽默理論的實踐，以喜劇形式呈現。這不免讓人想起南宋慶元黨案中宮廷裡的一齣滑稽劇：敵道學的韓侂胄「使優人峨冠闊袖，象大儒，戲於帝前」（《宋史》）。一個「戲」字，意在演出「大儒」（朱熹）的可笑，同時在大儒一向高大的背景語境下，由可笑遞進為可惡。這就提示我們中國（俗）文學特別是戲

8　張鳴：《張鳴說民國：軍閥餘蔭和五四傳統》（北京市：中國工人出版社，2013年），頁164。

曲的又一個傳統──借滑稽以諷刺。這個傳統源遠流長（《史記》有〈滑稽列傳〉），歷史上經常發揮諷諫君主的作用。[9]當其諷諫君主時，與士夫是站在一起的。但是像韓侂胄的例子，滑稽戲也是可以站在士大夫的對立面的，關鍵看當時主導它的是什麼。因為滑稽戲、喜劇以及整個幽默文學是大眾喜聞樂見的，所以如果用於敵道學，效果是倍增的。

　　林語堂的諸多作品，是五四新文化運動文學敵道學的一部分。包弼德（Peter Bol）先生曾提到，「五四運動中大多數領導者都是文學家而不是哲學家」。[10]五四時期包括周氏三兄弟、林語堂在內的文學敵道學，很大程度上繼承了宋明以來的文人筆鋒，影響極廣，值得大書特書，但五四的首要性質是群眾性，所以本書將五四的敵道學放入群眾敵道學處理（見下章）。

　　回到道學與妓女的題目。首先求諸史實，看看道學與文學的殊途。第一，與妓女交往抑或不交往。程頤對妓女的態度已如上。朱熹也沒有留下任何狎妓的記載。黃宗羲《明儒學案》載，東林理學之士劉永澄（1576-1612），「飲酒有妓不往」。文學這邊呢？據《詞苑叢談》、《宋稗類鈔》等，歐陽修頗親娼妓。當然，更有名的是蘇東坡，他與妓女多有往來，且娶歌妓朝雲為妾。林語堂《蘇東坡傳》說：「蘇東坡一生，遇有歌妓酒筵，欣然參與，決不躲避。」這是文人在讚揚文人。不僅文人讚揚，社會上其實普遍視風流為佳話，單是宋代，詞人柳永、辛棄疾、陸游的種種「佳話」都傳頌至今（可見文學型人生觀在中國深入人心）。

　　第二，關於女人裹腳。中國古代的婦女裹腳之俗，最早是妓女的

9　參閱余英時：〈中國知識分子的古代傳統──兼論「俳優」與「修身」〉前半部分，載氏著《士與中國文化》（上海市：上海人民出版社，2003年），頁103-116。

10　見「澎湃新聞」訪談，〈包弼德：數字化人文科學在中國越來越流行〉，（http://www.thepaper.cn/www/resource/jsp/newsDetail_forward_1516471），2016年12月20日訪問。

風尚，而蘇軾以一首《菩薩蠻》〈詠足〉，禮讚了以蓮足起舞的舞女，成為歌詠小腳的鼻祖。清代裹腳之風達到頂峰，袁枚固然不喜小腳，不妨李漁、方絢等更多文人喜愛：李漁《閒情偶寄》總結了把玩小腳的四十八法；方絢《香蓮品藻》則集品足美學之大成。道學這邊呢？朱熹也愛作詩，絕無詠足的興趣。元代白珽《湛淵靜語》「程氏婦不裹足」條，記二程後代族規：「婦人不纏足、不貫耳。」

第三，關於聚會內容。晚明是文學型生活方式的爆發時期，各種文社的聚會除了舞文弄墨，不可或缺的東西還有酒、妓女，乃至用於性交的男童。萬曆年間，茅元儀（1594-1644）在南京召集「秦淮大社」，「盡四方之詞人墨客，及曲中之歌妓舞女，無不集也」（周亮工《書影》卷二）。妓（非娼）既是文人的消費對象，也是文學創作的審美對象，關係非同一般。再舉一例，復社領袖張岱回憶崇禎七年閏中秋虎丘聚會：友人各攜酒帶妓「席地鱗次坐」，

> 緣山七十餘床，哀童塌妓，無席無之。在席者七百餘人，能歌者百餘人，同聲唱「澄湖萬頃」，聲如潮湧，山為雷動。諸酒徒轟飲，酒行如泉。（《陶庵夢憶》卷七〈閏中秋〉）

這是文學之士樂在其中的聚會。明代道學的講學之盛，規模只大不小，但其聚會模式與內容簡直有天淵之別，從未聽說書院講學請妓女助興的。

再看看虛構文學中的情況。廣為流行的《笑林廣記》由馮夢龍《笑府》增補而成，一共四卷十二部，卷一之《古豔部》、《腐流部》與《術業部》所談的幾乎都與讀書人有關，相比其他部門篇幅獨大，它們集中反映了晚明市井眼中的可笑讀書人形象。[11]這裡僅從《腐流

---

11 詳細分析見龔鵬程：〈腐儒、白丁、酸秀才──晚明笑談裡的讀書人〉，載氏著《晚明思潮》，頁371-383。

部》摘錄兩則專門揶揄「道學先生」的：

> （1）〈證孔子〉：兩道學先生議論不合，各自詫真道學而互詆
> 為假，久之不決，乃請證於孔子。孔子下階，鞠躬致敬
> 而言曰：「吾道甚大，何必相同。二位老先生皆真正道
> 學，丘素所欽仰，豈有偽哉。」兩人各大喜而退。弟子
> 曰：「夫子何諛之甚也？」孔子曰：「此輩人哄得他動身
> 就夠，惹他怎麼！」
> （2）〈放肆〉：道學先生嫁女出門，至半夜，尚在廳前徘徊踱
> 索。僕云：「相公，夜深請睡罷。」先生頓足怒云：「你
> 不曉得，小畜生此時正在那裡放肆了！」

〈證孔子〉揶揄道學內部互爭真假，〈放肆〉嘲笑道學對正常性生活
的壓抑，雖未必反映道學實情，但符合人們對道學的想像。

清末長篇小說《孽海花》，問世以來頗受好評，二十世紀初讀者
甚眾。其第二回有云：

> 肇庭道：「他們（唐卿、珏齋）是道學先生，不教訓你兩聲就
> 夠了，你還想引誘良家子弟，該當何罪！」原來這珏齋姓何，
> 名太真，素來歡喜講程朱之學，與唐卿至親，意氣也很相投，
> 都不會尋花問柳，所以肇庭如此說著。

另外第七回說道，雯青尚在守制，與眾友狎遊，有妓女圍酒，「雯青
難卻眾意，想自己又不是真道學，不過為著官體，何苦弄得大家沒
趣，也就不言語了。」小說作者對狎妓行為並無任何譴責之意。相
反，作為狎妓障礙的道學，在這裡只充當迂闊、不近人情的角色。揆
諸歷史，晚晴與晚明一樣，都是文人狎妓成風的時期。

　　以下專述朱熹二事，一涉北宋妓女黎倩，一涉南宋妓女嚴蕊。前者事關道學之不近妓女，也就是程頤的情形；後者事關道學之不如妓女，是文學敵道學的終極表達。

　　關於朱熹與黎倩，現在所知的最早文獻是羅大經（1196-1252）《鶴林玉露》乙編卷六：

> 胡澹庵十年貶海外，北歸之日，飲於湘潭胡氏園，題詩云：
> 「君恩許歸此一醉，傍有梨頰生微渦。」謂侍妓黎倩也。厥後
> 朱文公見之，題絕句云：「十年浮海一身輕，歸對黎渦卻有
> 情。世上無如人欲險，幾人到此誤平生。」《文公全集》載此
> 詩，但題曰「自警」云。

胡銓（1102-1180），號澹庵，宋高宗時力反與金媾和，上疏乞斬秦檜，聲震朝野。被貶廣東、海南十餘年。孝宗淳熙七年卒，諡忠簡。這樣一個氣吞山河的英雄，為何也耐不住區區一個女子的誘惑？這就是問題所在。說完胡澹庵，羅大經又列舉蘇武在北地齧雪啖氈卻與胡婦生子、項羽死前一切放下獨不捨虞姬，最後感歎：「尤物移人，雖大智大勇不能免。由是言之，『世上無如人欲險』，信哉！」羅大經的意思是，他非常贊同朱熹。他提到朱熹寫此詩乃為「自警」，意味著朱熹不是在苛責胡銓。

　　馮夢龍《情史》之《情芽類》全錄羅大經文，惟獨刊落「《文公全集》載此詩，但題曰『自警』云」一句，暴露了他編書的選擇性和誘導性。胡銓故事前面，馮夢龍還錄了蘇武的故事，對蘇武雖有家室仍與胡婦生子一事明確表示高度讚揚。兩個故事的文本綜合起來看，馮夢龍不直接詆斥道學，卻仍然成功地把道學置於他的情教的敵對面。

　　袁枚《小倉山房文集》卷三〇〈讀《胡忠簡公傳》〉，對朱熹題詩事大發議論：

（忠簡）公在廣州戀黎倩，為朱子所譏。嗚呼，即此可以見公之真也。從古忠臣孝子，但知有情，不知有名。為國家者，情之大者也。戀黎倩者，情之小者也。……彼其日星河岳之氣，視此小節如浮雲輕飆之過太虛，而腐儒矜矜然安坐而捉搦之，譬鳳凰已翔雲霄，而鶯鳩猶譏其毛羽有微塵，甚無謂也！不然，使公亦有瞻前顧後、謹小慎微之態，則當其上疏時，秦檜之威不在侂冑下，公豈不能學邈翁，取數枝蓍草自筮吉凶以定行止哉！

袁枚搞錯了地點，同時也不提朱熹「自警」一事，這裡不論。看得出來，袁枚對英雄愛美女的讚賞與馮夢龍大同小異，以之為真情表露。袁枚自己愛花、護花，對胡銓自然無限同情，說到痛快處，直接罵朱熹「腐儒」，並毫無道理地連帶指責朱熹在慶元黨禁中欲辯又止之事。

林語堂《蘇東坡傳》談到蘇軾親近妓女時，拿來道學家做反面對照，也引了《鶴林玉露》所載之事。[12]林語堂說：「只有嚴以律己的道學家，立身之道完全在一『敬』字，……只有這等人才特別反對。他們有一套更為嚴厲的道德規範，對淫邪特別敬而遠之。」他的觀察是，這種道學家屬於異類，蘇東坡的作風是更受社會歡迎的。

關於朱熹與嚴蕊的傳說，即所謂嚴蕊案，堪稱家喻戶曉。它不同於胡銓事，不是朱熹評論誰，而是朱熹與妓女發生了正面交鋒，充滿戲劇性，不能不引人注目。傳說的底本是朱熹同時人洪邁（1123-1202）作於慶元黨禁時的《夷堅志》中的一則筆記〈吳淑姬嚴蕊〉。照錄如下：

　　台州官奴嚴蕊，尤有才思，而通書究達今古。唐與正為守，頗

12　林語堂著，張振玉譯：《蘇東坡傳》（西安市：陝西師大出版社，2009年），第十一章「詩人、名妓、高僧」，特別是頁148。

屬目。朱元晦提舉浙東，按部發其事，捕蕊下獄。杖其背，猶
以為伍佰行杖輕，復押至會稽，再論決。蕊墮酷刑，而系樂籍
如故。岳商卿霖提點刑獄，因疏決至台，蕊陳狀乞自便，岳令
作詞，應聲口占云：「不是愛風塵，似被前身誤。花落花開自
有時，總是東君主。去也終須去，住也如何住。若得山花插滿
頭，莫問奴歸處。」岳即判從良。

朱熹死後幾十年，邵桂子《雪舟脞語》、周密（1232-1298）《齊東野
語》亦載此事。邵桂子增其內容曰，唐仲友、朱熹二人「數不相得，
至於互申。壽皇問執二人曲直，對曰：『秀才爭閒氣耳。』悅齋眷官
妓嚴蕊奴，晦庵捕囹圄。」周密《齊東野語》「台妓嚴蕊」條謂：
「《夷堅志》亦嘗略載其事而不能詳，余蓋得之天台故家云。」又，
「朱唐交奏本末」條謂，朱熹因為唐仲友輕慢自己及友人陳亮，遂
「摭唐罪具奏，而唐亦以奏馳上」。

　　朱熹在浙東提舉任上彈劾唐仲友，案涉唐仲友相好、營妓嚴蕊，
都是真有其事。至於其他細節，基本都是虛構，連那首感人的〈卜算
子〉也非嚴蕊之作（見王國維《人間詞話》）。問題的關鍵是，多數人
願意相信整個故事都是真的——堂堂大儒與同僚交惡，為了一口閒
氣，把一位才色俱佳的妓女當了犧牲品，這樣的劇情豈能沒有市場？
凌濛初（1580-1644）的通俗小說集《二刻拍案驚奇》，至今讀者不
衰，其中的〈硬勘案大儒爭閒氣　甘受刑俠女著芳名〉一篇，是把
「嚴蕊案」推向千家萬戶的重要力量。小說開篇說道，論世情、說因
果而化人邪念的通俗讀物也是「一片道學心腸，卻從不曾講著道
學」，因此他要來談道學，而「道學的正派，莫如朱文公晦翁」。接著
就是對《夷堅志》、《齊東野語》內容的添枝加葉，鋪陳嫁接，最後得
到結論：朱熹「狠毒」，而嚴蕊「乃是真正講得道學的」。從文學的角
度，這篇小說真是極具反諷效果。

嚴蕊一案，經過淩濛初等的渲染，程朱「存天理滅人欲」之教，形象化為朱熹偏執地欺淩妓女。入室操戈，擊其頭目，殺傷力極大。不過我們也注意到，像淩濛初，至少表面上他不反道學，甚至還維護道學，他除了表揚一些講因果的讀物「一片道學心腸」，其〈拍案驚奇序〉還抨擊那些豔情小說（如《繡榻野史》、《龍陽逸史》），「廣摭誣造，非荒誕不足信，則褻穢不忍聞，得罪名教，種業來生，莫此為甚」。

朱熹與嚴蕊、侯方域與李香君、錢謙益與柳如是，還有其他，這些故事很流行，有著共同的價值取向——貶道學而褒妓女（侯方域、錢謙益是否真有理學造詣，則非故事傳播者所關心）。代表天理的道學家與代表人情的妓女，一再地被關聯、被對比。從文化符號學的角度，道學家是壯男，妓女是弱女，道學家是貴家，妓女是賤身，兩相疊加，最後來一個反轉，道學家行事齷齪，妓女成仁取義，將是何等震撼？在朱熹的例子中，嚴蕊的俠義、嚴蕊的才學、一首盪氣迴腸的〈卜算子〉等等，簡直要羞煞虛偽的朱夫子。加之朱熹欺淩嚴蕊，對弱者的同情帶來了對道學的雙倍憎惡。

文學敵道學史上，明白說出「假名儒不如真名妓」的，是清代的袁枚。事情起因於袁枚《子不語》寫了一則故事，說楊潮觀年輕時夢到過名妓李香君。楊潮觀，號笠湖，一向莊重，怒其污己，遂有系列書信往來爭執。袁枚論李香君，論明末降清的眾多士大夫，縱橫古今，然後說道：

> 妓中有俠者，義者，能文者，工伎藝者，忠國家者，史冊所傳，不一而足。女子不幸墮落，蟬蛻污泥，猶能自立，較之口孔孟，而行盜跖者勝。……苟為不熟，不如稊稗。偽名儒，不如真名妓。（《小蒼山房尺牘》卷七〈答楊笠湖〉）

袁枚嬉笑怒罵，還揶揄楊潮觀「配享兩廡，想吃一塊冷豬肉」——這不就是董其昌之友周望之打趣馮從吾的話麼？又笑話大儒李塨的日記「昨夜與老妻敦倫一次」——這不就是《笑林廣記》〈放肆〉裡的那位道學先生麼？單就三封〈答楊笠湖〉而論，他倒是沒有一概否定道學，他還激賞了「目中有妓，心中無妓」的理學家黃道周，猶如馮夢龍之激賞程顥。實際上，「偽名儒不如真名妓」這個命題本身是站得住腳的，因為它預設了儒有真偽、妓分良賤；偽儒者，「口孔孟，而行盜跖」——這也對。他與馮夢龍一致的是，厭惡道學之士有情裝無情；不同的是，他作為乾隆年間的風流教主，對妓女、對美女有多得多的個人情愫。龔鵬程先生認為，袁枚以及《紅樓夢》中的賈寶玉「這類人，才情所寄，端在女人身上。憐花、護花、品花，以關心美人身世自矜自喜。」[13]袁枚愛女人，對道學也能容忍，但如在某件事上二者衝突了，「偽名儒不如真名妓」之類的話就一定是切齒說出的。他在談到黎倩時，一反常態罵朱熹「腐儒」，也是這個原因。

　　如果說袁枚口中的「偽名儒」尚有可能只是認為儒有偽，而非儒盡偽，到了周作人一發揮，就不一樣了。周作人一九三一年〈評袁枚〈答楊笠湖〉〉說道：

> 理學腐儒，惺惺作態，非子才（袁枚表字）適情哲學不足以正之，非子才嬉笑怒罵之刀筆不足以誅之。評子才者，須先識得其所痛恨反對之當時哲學。[14]

這就上升到了哲學層面，意味著基於經驗的特稱判斷（有些道學做的有些事不行）讓位於基於獨斷思維的全稱判斷（道學都不行）。

13　龔鵬程：《中國文學史》（北京市：世界圖書出版公司，2012年），頁377。
14　《宇宙風》第2期，1935年10月1日。

第五章
群眾敵道學

　　根據歷史教科書的界定，近代史上從太平天國運動到後來一系列重大歷史事件，前後分為舊民主主義與新民主主義革命，都屬於民主主義範疇。不考慮近代革命理論的特定價值取向，「民主主義」的界定帶給我們的最大啟示是，這些運動或以群眾為運動主體，或以群眾利益為號召，或兼而有之。也就是說，群眾性即使不是每次運動全部的本質，那也是本質屬性之一，而關聯於該屬性的敵道學就可稱為這些運動的群眾敵道學。何謂群眾？簡言之，就是在政治權力占有與知識占有上都處於弱勢的社會組成，他們是政治敵道學、文學敵道學的兩方主體（政治精英、文學精英）之外的獨立人群（不排除若干重疊），有自己的特質。

　　近代以來群眾運動中的敵道學，打倒「孔家店」、扔掉線裝書、反禮教、反封建、反三綱五常云云，名目不少，通常以周孔為罪魁，究其實則是受明清以來特有的政治文化刺激所致，於此稍有覺察者，便知朱熹才是真「罪魁」。

　　太平天國運動之前不是沒有群眾敵道學，翻開「文革」後期風行民間的小人書《歷史上勞動人民反孔鬥爭的故事》，便知歷代農民戰爭多少有敵孔的一面；實際上，從來沒有農民戰爭是以孔孟之教為號召的，敵孔很正常。但論主觀敵意之深，客觀破壞之廣，確是從太平天國開始的。以下分述政治軍事型的運動與思想文化型的運動。

第一節　從太平天國運動到無產階級文化大革命

　　1. 咸豐同治年間的太平天國運動。洪秀全（1814-1864）以「拜上帝會」[1]起家，所領導的太平軍，敵人不僅是滿人政府，也是中華禮教。羅爾綱《太平天國史》〈序論〉記：「太平天國掀起了一場群眾性反孔大運動」，「鞭撻孔子像，把儒家書丟到糞坑裡去」。宗奉朱子理學的曾國藩號召士人反擊，其〈討粵匪檄〉有言，在太平天國統治區域，

> 士不能誦習孔子之經，而別有所謂耶穌之說、《新約》之書，舉中國數千年禮義人倫、詩書典則，一旦掃地蕩盡。此豈獨我大清之變，乃開闢以來名教之奇變，我孔子、孟子之所痛苦於九泉！

據學者研究，洪秀全對孔子的批判和鬥爭可分作三階段。[2]第一階段（1837-1843）：一八三六年第二次赴廣州鄉試遇傳教士贈書《勸世良言》；一八三七年第三次鄉試失敗，大病一場，夢幻中見上帝斥責孔子；一八四三年皈依基督教，砸碎村塾中的孔子牌位。第二階段（1843-1850）：著書立說，與友人傳教，共建「拜上帝會」；一八四八年口述《太平天日》，把天父上帝、天兄耶穌遺書與孔子遺書對立，說前者「無有差錯」而後者「甚多差繆」，渲染一八三七年的夢幻，說天父命自己「同天使追孔丘，將孔丘捆綁解見」，「孔丘跪在天兄基督面前再三討饒，鞭撻甚多」。

1　太平天國的宗教，其教名今一般稱「拜上帝會」或「拜上帝教」。在當時，洋人或謂之「太平基督教」，天京定都後曾自稱「天教」。詳張英明：〈太平天國宗教正名〉，《江西師範大學學報》（哲學社會科學版）1990年第2期，頁62-67+55。

2　見呂明灼等：《儒學與近代以來中國政治》（濟南市：齊魯書社，2004年），頁59-65。

　　第三階段從一八五一年金田起事開始，隨著太平軍推進而推進。群眾參與至此階段始盛，群眾敵道學亦自此階段始。張德堅編於咸豐年間的《賊情彙纂》卷十二載：太平軍「所陷之處，凡學宮正殿兩廡木主亦俱毀棄殆盡，任意作踐」；南京孔廟只剩破敗兩廡、半壁紅牆；山東臨清「文廟大成殿焚，聖像及兩廡木主無存者」。毀廟之外，第二件是刪書改書，一則刪改洪秀全早期著作中的儒家思想，再則刪改儒家經典，以四書五經為妖書，後來且以不合上帝教的一切文契書籍為妖；建都天京後專設「刪書衙」。羅爾綱《太平天國史》卷四十二洪秀全、洪天貴福傳，記載了洪秀全親手做的一些事：他將周文王、武王的名字加「犬」旁，稱為「文狂」、「武狂」；刪改《四書》，把「夫子」改為「孔丘」。第三件是焚書，時人記載，「出示孔孟及諸子百家者，皆立斬」，「凡一切妖物、妖文書，一概毀化，如有私留者，搜出斬首不留。」《四庫全書》也被視為妖書，鎮江文宗閣本、揚州文匯閣本皆毀。

　　太平天國上下之敵視蔑視文物，與共和國「文革」時期的「破四舊」約在伯仲之間，惟後者是全國範圍。倘若太平軍打到曲阜，則「三孔」必毀，也就不待紅衛兵來掘墓毀碑了。羅爾綱《太平天國史》卷七十八〈會黨起義傳一〉記焦亮之言：「臣觀天王所為，大類秦政……秦政掘孔墓，而天王鞭撻遺像；秦政燒書，而天王以經史置污穢中。」如此之政，豈容得下巍巍闕里？此外，太平軍殺人如麻，重災區又是文教江南，這中間多少儒生道學被殺，定是個駭人之數。

　　太平天國的信眾，絕大多數來自社會底層，以貧農為主。[3]忠王李秀成供述，太平軍「亦有讀書明白之士子不從，從者俱是農夫之家，寒苦之家，積多結成聚眾。」其群眾性是很清楚的。另外，太平

3　黃進興：《從理學到倫理學——清末民初道德意識的轉化》（北京市：中華書局，2014年），頁66。

天國的敵道學行為十分得力於拜上帝教這一由洪秀全定義的基督教，而這也與群眾性有關，因為中國史上大規模的群眾反政府鬥爭的發動，基本都依託於沒有知識要求的有神論信仰，遠有五斗米教（漢末），近者天理教（嘉慶年間）；就這些宗教而論，它們的主要目標就是下層民眾。羅爾綱說：「洪秀全極重視意識形態的鬥爭。」偏偏拜上帝教是一種極端排他的宗教意識形態，於是孔子在接受以破壞政治權威、文化權威為本質的一重群眾敵道學之外，還須與佛教、道教一起受一重宗教敵道學，是以災難如是之鉅。

關於宗教敵道學，有一種潛在而非現實的敵道學。一個簡單的標準，是看它是否滅棄儒家倡導的「五倫」。在太平天國，「有兄弟而無父子君臣，以妻為妹，母為大妹」（李圭《金陵兵事彙略》卷二）。人們互相叫兄弟姊妹（哪怕父子之間），區別只是按入夥先後分老兄弟新兄弟、老姊妹新姊妹。如此，五倫盡滅。倘以此為標準，則漢代以後、太平天國以前的眾多宗教社團（包括明清兩代此起彼伏的白蓮教秘密結社），以及以這些宗教組織為基礎發展起來的全部軍事政治組織（涉及許許多多的農民造反隊伍），因以教內關係為先，忽略人倫關係，就都屬於潛在的敵道學。因為它們沒有發展為明顯的現實攻擊（含語言攻擊與暴力攻擊），未免枝蔓，這裡不做討論。

2. 同治年間的西北回民事變。事變承太平天國運動餘緒而起，一東南一西北，它們在敵道學方面的共同點，一是以某種極端排他性信仰為號召，二是城鄉無數群眾捲入。學者的研究顯示，至少在甘肅一地，回民抗清是由當地的伊斯蘭教領袖發起並領導的，上層是門宦家族（代表是哲赫忍耶派第五代教主馬化龍），各級阿訇與一些士紳掌握中下層領導權。[4]學者們的意見，同治回變說是宗教戰爭不為過。[5]

4　霍維洮：〈同治年間甘肅回族反清運動性質再認識〉，《近代史研究》1990年第4期，頁49-63。

5　民族學家張中復說：「回民抗清，以宗教之名與『卡費勒』（異教徒）作戰，其性質

唐宋間伊斯蘭教入華後，「獨守門羅主義」，不假政治傳教，不攻擊儒家思想，因此紛爭也少。[6]至清代，由於多種原因，回民叛亂屢興，乾隆朝以後幾乎代代有之。考察其自身的變化，則明末清初，伊斯蘭教蘇非派輸入西北，始有所謂四大門宦，如老教的虎夫耶，新教的哲赫忍耶。門宦制度之下，政教合一，教主世襲，教眾絕對服從教主，有如獨立王國。戰爭條件下，這種社會組織如利用伊斯蘭教的「聖戰」理念，以其全民出擊的形式，對凡屬異教者不可能不造成極大的破壞。陝甘原是華夏文明中心，張載、呂柟、馮從吾一脈的關學則是道學直接的組成部分。回變一事，濡染文教之漢、回民眾死傷無算，單是這一件，便是嚴重的敵道學。當時戰火所及，各地的文廟學宮、書院圖籍損毀殆盡，但尚無史料顯示，回民軍對這些東西進行主動的破壞（有民間傳說白彥虎欲掘黃帝陵幸未得逞），這是比太平軍好的地方。

　　3. 光緒年間的義和團運動。義和團主要由貧民組成，很多是流氓無賴。它無疑夾雜許多民間宗教如白蓮教的元素，而中國傳統的民間宗教基本不存在很強的排他性，所以並未見義和團攻擊儒道佛三教；它之攻擊洋教（基督教），是出於「扶清滅洋」的政治原因，把洋教視為列強侵華的一部分。因此，義和團充其量屬於潛在的敵道學。文革「批林批孔」時，一些學者急於站隊，便把義和團運動的這種跡象過度詮釋，使「潛在」不再「潛在」。因有這層關係，所以這裡略作備忘。一九七六年吳雁南論文〈義和團運動和反孔鬥爭〉[7]，總結出義和團反孔三事：一曰「衝破天命觀，宣傳造反有理」；二曰「反對

可視為伊斯蘭教義中的『聖戰』（吉哈德），此對於探討清代回變的宗教本質亦有一定的意義。此外，……門宦亦以其強固的宗教封建特質與社會基礎，在整個回民抗清的形勢上扮演十分積極的角色。」（氏著《清代西北回民事變——社會文化適應與民族認同的省思》〔臺北市：聯經出版事業公司，2001年〕，頁51）

6　張中復：《清代西北回民事變——社會文化適應與民族認同的省思》，頁48。

7　載《東北師大學報》（哲學社會科學版）1976年第3期。

中庸之道，主張同帝國主義和賣國賊血戰到底」；三曰「反對封建倫理綱常，主張無『上下之等』和男女平等」。作者的邏輯是，把孔子與帝國主義特別是封建制算成同夥，再基於義和團運動「反帝反封建」的官方認定，論證義和團「反孔」。義和團成員多是文盲，根本不懂理論，這些自然是作者自己的解讀。義和團有歌謠「義和團，神通大，天不怕，地不怕，皇帝見了直磕頭，洋人見了頭發麻」，作者便認為義和團衝破了儒家的天命觀。義和團曾有名為「紅燈照」的女兵女將組織，「英勇戰鬥」，作者便認為義和團是鞭笞了儒家的「男尊女卑」、「三從四德」。雖不無誇張，見其一不見其二（例如不見義和團受西太后操縱的一面），但也反映部分實情。

4. 民國時期的國民革命軍北伐。一九二七年三月，北伐軍占領上海，五月公布「通緝反動學閥」六十六人名單，章太炎排第一，其位於浙江的兩間私房被查封。所謂「反動學閥」，就是當時不認同新文化運動及孫文「聯俄聯共扶助農工」政策的守舊派，名單中還有後來成為新儒家代表之一的張君勱。當北伐軍節節勝利，即將攻占北京，王國維於六月二日（夏曆五月初三）自沉於北京昆明湖。遺書曰：「五十之年，只欠一死。經此事變，義無再辱。」黃節（1973-1935）認為：「王先生之死，必為不忍見中國自古傳來之文化禮教道德精神，今日將全行澌滅，故而自戕其身。」[8]或曰，王國維是殉清。吳宓認為二者不衝突：「禮教道德之精神，固與忠節之行事，表裡相維，結為一體。」[9]陳寅恪的悼詞持論相似：清季以來，《白虎通》三綱六紀之說所定義的中國文化淪喪殆盡，「此文化精神所凝聚之人，安得不與之共命而同盡，此觀堂先生所以不得不死。」[10]陳撰

8　《吳宓日記》，轉引自吳學昭：《吳宓與陳寅恪》增訂本（北京市：生活·讀書·新知三聯書局，2014年），頁74。

9　《吳宓日記》，轉引自吳學昭：《吳宓與陳寅恪》增訂本，頁74。

10　〈王觀堂先生挽詞並序〉，轉引自吳學昭：《吳宓與陳寅恪》增訂本，頁94-95。

〈清華大學王觀堂先生紀念碑銘〉復曰，觀堂先生是為其「獨立之精神、自由之思想」殉節，謂此乃「古今仁聖所同殉之精義」。[11]黃、吳、陳皆王國維密友，吳、陳且為清華國學研究院同人，日夕往來，相知不可謂不深，故無理由不採三人之說。一九二四年國民黨一大以後，治黨治軍逐漸走上列寧主義模式，「聯俄聯共扶助農工」，北伐中十分注意發動農工群眾（如一九二六年八月十日國民黨中央宣傳部下發〈北伐向農民宣傳大綱〉），在城市組織工人示威暴動，在農村組織農民協會運動（工農運動主要由共產黨分工完成）。這些都是當時國民黨及國民革命軍的群眾性所在。一九二七年四月，碩學名儒葉德輝正是被湖南的農民協會以「土豪劣紳」罪名處決。

　　5. 從一九四九年到文化大革命。本期的敵道學與最高領導人毛澤東有直接關係，本應劃入政治敵道學範疇。吳宓一九五一年作詩〈讀《澶洄集》賦贈周邦式先生〉，有曰：「哀郢當年猶祀楚，為儒此日但歌秦。」自注前句：「非但記屈原，實謂中國文化禮教抗日時尚存。」後句：「秦亦兼指蘇俄。」[12]蘇俄式新政權下儒者的這種不幸命運，就是指向政治敵道學，其政治模式曰秦政、曰法家政治。另外「文革」十年「四人幫」集團為非作歹，內朝代替外朝發號施令，類似於宋明時的近習、閹黨政治，則是異於標準秦政的第二種政治模式（或者可以叫「小人政治」），其施於敵道學者，仍屬於政治敵道學。

　　我們這裡轉而採用群眾敵道學視角，理由如下。第一，中國共產黨自走「農村包圍城市」路線後，就以貧下中農為組織基石，一九四九年入京執政後工人地位日隆，一九六八年更提出「工人階級領導一切」，總之，工農群眾是執政基礎。第二，三十年間全國性的政治運動無不最大限度地發動群眾參與，文化大革命中的一些打鬥破壞甚至

---

11 見陳寅恪：《金明館叢稿二編》（北京市：生活・讀書・新知三聯書局，2001年），頁246。

12 吳宓：《吳宓詩集》（北京市：商務印書館，2004年），卷18，頁460。

完全失控，實為紅衛兵、紅小兵及革命群眾率性而為的結果。第三，毛澤東晚年頻繁發表反智言論，敵視知識敵視道德，影響全國輿論與社會動向，這是群氓意志的高層傳達。

有學者總結太平天國與無產階級文化大革命的共同點，其中與群眾性密切的有兩條，轉述如下。[13]一曰「開大會」。太平天國常有對廣大群眾的宣講，叫做「講道理」，經常是萬眾聽講，這在中國歷史是一種創舉。國民革命、土地革命也常舉行向群眾講道理的大會，對推進革命起了重要作用，與太平天國可謂一脈相承。「文革」更是經常開萬人、十幾萬、幾十萬，甚至上百萬人的大會，有動員會、批鬥會、誓師會、代表會等各種名目。二曰「勞動者做官」。太平天國政權被敵人譏為「滿朝文武三百六十行全」，洪秀全被侵略者鄙視為「苦力王」。「文革」中，大批工農兵以火箭速度升官，甚至官至中央領導，如王洪文當副主席，陳永貴、吳桂賢、孫健當副總理，李素文、姚連蔚當副委員長，尉鳳英當中央委員，孫玉國當瀋陽軍區副司令員。

總之，群眾性的高強度介入，是這三十年與以往秦政、小人政治不同的地方，也是吳宓的詩沒提到的；相應地，儒生、儒教的悲慘，就不只來自歷朝歷代都存在的基於權力意志的敵道學，還有遙接太平天國並登峰造極的群眾敵道學。以下根據公開史料先略述幾位儒學名家的命運。

熊十力（1885-1968）。一九五〇年寫成〈與友人論張江陵（居正）〉小冊子（自印本），曰：

> 學術思想，政府可以提倡一種主流，而不可阻遏學術自由研

---

13 李喬：〈太平天國與文革──讀羅爾綱《太平天國史》劄記〉，《炎黃春秋》2015年12期。

究、獨立創造之風氣。否則，學術思想錮蔽，而政治社會制度
何由發展日新？江陵身沒法毀，可見改政而不興學校之教，新
政終無基業。

張居正禁學毀書院，前面「明代的政治敵道學」一節講過。郭齊勇認
為，熊十力是借此提醒中共新政權。[14]一九五一年印行《論六經》一
書，提出政府設立中國哲學研究所，培養研究生，「搜求老輩素為義
理之學者，請任指導」；又提出恢復南京內學院、智林圖書館、勉仁
書院三所「私立講學機關」，後二者分別為馬一浮、梁漱溟早前主持
的儒學傳播機構；未果。[15]「文革」「梁效」寫作班子一九七四年出版
《五四以來反動派、地主資產階級學者尊孔復古言論輯錄》，批判熊
十力在一九四九年建政前夕「竭力鼓吹『去兵去食』，『以誠信立
國』，是妄圖以孔子之道阻擋偉大的人民解放戰爭的歷史車輪」。[16]

　　梁漱溟（1893-1988）。一九五三年九月八日至十八日，先是政協
全國委員會擴大會議，後轉為中央人民政府委員會擴大會議，梁在會
上質疑過渡時期總路線，放言共產黨進城後拋棄了農民，引來毛澤東
的嚴厲批評。毛說，有人不同意我們的總路線，認為農民生活太苦，
要求照顧農民，這大概是孔孟之徒施仁政的意思吧。梁與毛當面衝
突，毛說，「人家說你是好人，我說你是偽君子！」梁堅持己見，不
屈不撓，最後一天被眾怒轟下講臺。毛澤東留下梁漱溟做政協委員，
以之為「反面教員」。[17]一九七四年二月二十二日，「批林批孔」運動
正熾，梁漱溟在千萬人之喏喏中，在政協會上作長篇演講〈今天我們

14 郭齊勇：《熊十力傳論》（北京市：中國社會科學出版社，2013年），頁94-95。

15 郭齊勇：《熊十力傳論》，頁95-97。

16 郭齊勇：《熊十力傳論》，頁115。

17 這段公案始末，見汪東林：《「反面教員」梁漱溟》（北京市：當代中國出版社，2011
　　年），頁41-55。

應當如何評價孔子〉，公開為孔子辯護。當天即有大字報：「梁漱溟是孔老二的孝子賢孫！」「梁漱溟對抗『批林批孔』運動罪責難逃」。政協內部開始「批林批孔兼批梁」。[18]

馬一浮（1883-1967）。一九四九年後長期任浙江文史館館長，不問時事，但文革開始不久也被抄家。文革中儒家「現代三聖」的命運，與當時無數知識分子是相同的——抄家、焚書、趕出原住所。三人中，熊十力、梁漱溟曾被紅衛兵批鬥，馬一浮未及「文革」深入便離世。熊十力一九六八年在上海離世，死前曾穿褪色灰布長衫，腰繫麻繩，跌跌撞撞走在街頭，老淚縱橫，口中念念有詞：「中國文化亡了」、「中國文化亡了」。[19]

馮友蘭（1895-1990）。[20]一九五一年十二月二日至八日，在加爾各答演講〈新中國的哲學〉，應外交部要求，曾表示：「中國革命成功，我認識到我過去的著作都是沒有價值的。」[21]一九五二年十月二十七日，在《光明日報》發表〈三反運動以來我的思想的轉變〉，檢討他的新理學是「與馬列主義毛澤東思想為敵」。[22]一九六〇年二月，北京大學黨委編撰《馮友蘭小傳》，說他一九四九年前「為蔣介石獻策，宣傳道統，從思想上反對共產黨，實為國民黨反對派的御用哲學家」，一九三九至一九四六年間「積極為蔣匪工作，……宣傳反動哲學新理學，並經常在昆明各報發表反動文章」。《小傳》最後鑒定，馮雖有過自我批評，但「資產階級學術思想仍然根深蒂固。政治排隊，整風反右時期中右，現在仍為中右。」[23]一九七三年「批林批孔」，馮

---

18 汪東林：《「反面教員」梁漱溟》，頁151-160。

19 郭齊勇：《熊十力傳論》，頁113-114。

20 參閱維基百科「馮友蘭」條，（https://zh.wikipedia.org/wiki/馮友蘭），2015年8月6日訪問。

21 蔡仲德：《馮友蘭先生年譜初編》（鄭州市：河南人民出版社，1994年），頁371

22 蔡仲德：《馮友蘭先生年譜初編》，頁374。

23 蔡仲德：《馮友蘭先生年譜初編》，頁443-444。

友蘭出任「四人幫」所指揮的「梁效」寫作班子顧問，「從舊營壘裡衝殺出來，給了孔丘一個回馬槍」，於《光明日報》相繼發表〈對於孔子的批判和對於我過去的尊孔思想的自我批判〉和〈復古與反復古是兩條路線的鬥爭〉等文章，後又著《論孔丘》一書，為四人幫效力。馮友蘭「批孔而諂媚江青」，一代儒學名家「竟以批孔鳴於時」，梁漱溟曾一再表示不滿。[24]

以下略述幾位「舊式」的文史學者，也是廣義上的儒者。

陳寅恪（1890-1869）。一生恪守「中學為體，西學為用」；[25]自述「議論近乎湘鄉南皮之間」（〈馮友蘭《中國哲學史》下冊審查報告〉）；序楊樹達《論語疏證》，字裡行間對孔聖、對經學充滿敬畏。[26]他極推崇宋學，謂「華夏民族之文化，歷數千載之演進，造極於趙宋之世，後世衰微，終必復振」；[27]「天水一朝之文化，竟為我民族遺留之瑰寶」。[28]一九四九年後，陳寅恪在中山大學，因其無與倫比的學術聲望，相比同時代其他學者受到了較好的對待。與敵道學直接相關者，一九七〇年三月，陳寅恪已逝，造反派依然逼令其助教黃萱交代關係，罵她與陳是用「資產階級的那套假平等和舊禮法來互相迎合」。[29]

吳宓（1894-1978）。上世紀二十年代與柳詒徵、梅光迪、湯用彤等辦《學衡》雜誌，號召「昌明國粹，融化新知」，對抗新文化運動。因一意維護民族文化，曾被魯迅戲稱為「現代中國的孔夫子」。

24 見汪東林編：《梁漱溟問答錄》（武漢市：湖北人民出版社，2003年），頁281-286。

25 吳宓一九六一年八月訪陳時陳自述生平語。見吳學昭：《吳宓與陳寅恪》增訂本，頁427。

26 陳寅恪：〈楊樹達論語疏證序〉，《金明館叢稿二編》，頁262-263。

27 陳寅恪：〈鄧廣銘宋史職官志考證序〉，《金明館叢稿二編》，頁277。

28 陳寅恪：〈贈蔣秉南序〉，《寒柳堂集》（北京市：生活・讀書・新知三聯書局，2001年），頁182。

29 轉引自陸鍵東：《陳寅恪的最後二十年》（北京市：生活・讀書・新知三聯書局，1995年），頁61。

一九六四年「四清運動」（「清政治、清經濟、清組織、清思想」），吳所在的西南師範學院工作隊斥責吳宓向助手傳授其戀愛哲學，是「階級敵人倡狂進攻而腐蝕了黨員幹部」。吳宓自陳，助手貪圖男女歡會以致誤事，乃勸之曰：「男女相愛，至多只可接吻擁抱，過此則不可，所謂『發乎情，止乎禮也』。」吳本人「夙堅持此舊道德之規律」。[30]「文革」開始後被抄家，一九六六年九月五日，以「編輯《學衡》雜誌」罪名被糾鬥，進入「牛鬼蛇神」行列，後編入教職員勞改隊。[31]一九七三年十月，學校奉令批孔，一九七四年「批林批孔」運動升級，要求人人表態，吳宓公開稱：「批林，我沒意見；批孔，寧可殺頭，我也不批！」很快被定為「現行反革命分子」。[32]下場可知。

洗玉清（1895-1965）。廣東南海人，嶺南大學（後併入中山大學）文學系教授，有詩名。一九五二年九月，中央號召的「思想改造運動」已轉入知識分子排隊接受「思想洗澡」階段，洗玉清被迫檢討自己：「我嚮往『賢人君子』的人格，我講舊道德、舊禮教、舊文學，講話常引經據典，強調……如毀棄自己的文化，其禍害不啻於亡國。」[33]一九五五年十一月，借批判胡適資產階級唯心論、批判胡風反革命集團及「肅反」勝利的東風，中山大學著手整編教師隊伍，講究「舊道德、舊禮教，教學時重文言、輕白話」已出了名的洗玉清被迫提前退休，遷出校舍。[34]

劉節（1901-1977）。浙江永嘉人，中山大學歷史系教授，研究先秦史、思想史、史學史。「因其至死不改的尊孔思想，使他晚年大部分歲月是在被批判中度過的，留下很多帶淚的故事。」[35]劉節上世紀

---

30 吳學昭：《吳宓與陳寅恪》增訂本，頁457-458。

31 吳學昭：《吳宓與陳寅恪》增訂本，頁467。

32 吳學昭：《吳宓與陳寅恪》增訂本，頁494-496。

33 轉引自陸鍵東：《陳寅恪的最後二十年》，頁48。

34 陸鍵東：《陳寅恪的最後二十年》，頁152-153。

35 陸鍵東：《陳寅恪的最後二十年》，頁127。

五十年代初任中大歷史系主任，一九五四年被楊榮國取代，此楊榮國是「文革」評法批儒運動中的紅人，主編的《簡明中國哲學史》（1973）把整個中國哲學史寫成一部儒法鬥爭史。中山大學一九七一年文件〈落實黨的知識分子政策的做法〉記曰：「劉節舊思想仍頑固，在學習班上還說儒家思想發展的最高階段是共產主義精神，還大談他的唯心主義思想體系，吹捧孔子和封建主義。」[36]一九五七年「大鳴大放」，劉節評曰：「過去帝王還有罪己詔，毛主席沒有作自我檢討，還不如封建帝王。」大躍進中又有評語：「什麼大躍進人人意氣風發，人人『一起發瘋』倒是真。」[37]忠鯁如此，有東林古風，遭遇可知。

最後略述一九六六年闕里數千年未有之難與一九七三至一九七六年的「批林批孔運動」。

文化大革命一九六六年開始後幾個月，在康生（一說戚本禹）授意下，北京師範大學造反派領袖譚厚蘭以中央文革小組名義，準備率人到曲阜「破四舊」。十一月七日，譚厚蘭在天安門人民英雄紀念碑前集會，誓師「搗毀孔家店」；十日，率紅衛兵兩百餘抵達曲阜，與曲阜師範學院聯合成立「討孔聯絡站」。[38]十五日，譚厚蘭等在孔府門前舉行「徹底搗毀孔家店誓師大會」，北師大、曲阜師院、曲阜一中等紅衛兵組織代表發言，宣讀〈火燒孔家店──討孔宣言〉，並有〈給國務院的抗議信〉。發言結束，紅衛兵合力砸毀一九六一年國務院所立「三孔」保護碑，大規模破壞正式開始，曲阜當地人也參加進來。十一月二十八、二十九日是焚像掘墓的「大日子」。二十八日，在北師大紅衛兵討孔指揮部的精心策劃下，曲阜全縣動員的十萬人討孔大會在曲阜師院召開，參加過一九六二年山東「孔子討論會」的領

---

36 陸鍵東：《陳寅恪的最後二十年》，頁487。

37 陸鍵東：《陳寅恪的最後二十年》，頁225

38 以上見王東溟主編：《開國總理周恩來與山東》（濟南市：山東人民出版社，2009年），頁304。

導、專家學者余修、周予同、高贊非等被押上臺批鬥,貧下中農代表
訴苦。會後,這些「牛鬼蛇神」被押上卡車,陪同從大成殿拆出來的
孔子塑像遊街,塑像頭戴高帽,上書:打倒頭號壞蛋孔老二!遊街結
束,孔子像與諸多從孔廟、孔府搜出的其他文物被扔進火海。二十九
日上午,由三百名當地社員組成的扒墳隊,協助紅衛兵到孔林扒孔子
墳(經陳伯達批准)。幾天下來,孔家「上三代」、「下三代」的墳全
挖開,孔子、孔鯉、孔伋三墳是空墳,三位衍聖公孔繁灝、孔祥珂、
孔令貽均夫妻合葬,被開棺辱屍。因衍聖公墓發現可觀財寶,當地人
蜂擁而至,孔林古墓幾乎全部底朝天。孔林石碑能搬動的,都被當地
人順走。[39]

來看一下紅衛兵與革命群眾在曲阜造反的成績單:

> 從1966年11月9日至12月7日,他們共毀壞文物6000餘件,燒毀
> 古書2700餘冊、各種字畫900多軸,砸毀歷代石碑1000餘通,
> 其中包括國家一級保護文物70餘件,珍版書籍1700多冊。[40]

列文森完成於一九六五年的《儒教中國及其現代命運》認為儒教與中
國共產黨當時的意識形態不相容,因而會被徹底送入博物館。他說:

> 在西安,儒家廟宇得以修復,成為博物館。在曲阜,修整一新
> 的孔廟和孔林被保護起來。1962年4月傳統的清明節祭拜時
> 刻,成千上萬的祭拜者湧到那裡,官方設計的從孔林到孔廟的
> 沿線途中,猶如趕集市一般(有人曾建議將孔陵作為麥加和耶
> 路撒冷那樣的儒教祭祀聖地)。而且這種虔誠的行為(與確認

---

39 以上見亞子、良子:〈1966年破壞「三孔」紀實〉,載《文史精華》典藏版(石家莊
　　市:河北人民出版社,2010年),冊5,頁210-233。
40 劉濟生:《周恩來與中國傳統文化》(北京市:中央文獻出版社,2013年),頁184。

它是「封建」的並不相矛盾）體現了共產主義者阻止毀滅歷史文物的綜合意識。[41]

一九六一年，國務院的確把「三孔」等儒家遺跡列入全國重點文物名單，立碑保護，是以列文森有此言。哪想到，當「文革」開始，群眾的破壞欲被點燃，第一個被砸碎的就是政府立的文物保護碑。列文森的結論瞬間崩塌。

像是一種宿命，孔子闕里在「文革」之初受到數千年未有之破壞後，孔子名聲在「文革」之尾又受到數千年未有之詆毀，其事即「評法批儒」運動與「批林批孔」運動。一九七三年七月四日，毛澤東找王洪文、張春橋談話，談到批孔問題時說，林彪同國民黨一樣都是「尊孔反法」的。八月五日，毛澤東念詩給江青聽，詩曰〈讀〈封建論〉呈郭老〉：

> 勸君少罵秦始皇，焚坑事業要商量。
> 祖龍魂死親猶在，孔學名高實秕糠。
> 百代都行秦政法，《十批》不是好文章。
> 熟讀唐人〈封建論〉，莫從子厚返文王。

借批判郭沫若《十批判書》，歌頌秦政（申韓法家），貶抑周制（孔孟儒道）。八月七日，《人民日報》發表了經毛澤東親自批發的中山大學教授楊榮國的文章〈孔子──頑固地維護奴隸主的思想家〉。以此為標誌，全國範圍的「評法批儒」運動展開。[42]「評法批儒」及其升級版──「批林批孔」，其原始動機或在現實政治鬥爭的需要，但對後

---

41 約瑟夫・列文森著，鄭大華、任菁譯：《儒教中國及其現代命運》，頁322。
42 以上見呂明灼等：《儒學與近代以來中國政治》（濟南市：齊魯書社，2004年），頁423-424。

續大多數參與者而言，批儒批孔本身也是目的。

　　一九七四年一月一日，《人民日報》、《紅旗》雜誌、《解放軍報》聯合發表元旦社論，指出一切反動派都是尊孔的。一九七四年一月十八日，毛澤東批示，四人幫組織編寫的《林彪與孔孟之道》，作為中共中央一號文件下發全黨全國，通知中說：「林彪是一個地地道道的孔老二的信徒。」文件要求在全黨全國範圍開展一場群眾性的深入的「批林批孔」運動。

　　批孔不同於扒墳，粗人幹不了。批孔運動開始後，最有名、為全國批孔供應權威理論材料的是北大、清華大批判組，筆名有「梁效」等。大批判組貢獻的〈孔丘其人〉（發表於《紅旗》一九七四年四月一日、《人民日報》一九七四年四月三日）、〈從〈鄉黨〉篇看孔老二〉（發表於《北京日報》一九七四年五月十七日）等幾篇文章，在群眾中影響深遠。〈孔丘其人〉一文給孔子定了四個身分，曰「虛偽狡猾的政治騙子」、「凶狠殘暴的大惡霸」、「不學無術的寄生蟲」、「到處碰壁的喪家狗」，使一九六六年曲阜遊街時給孔子像戴的高帽——「頭號壞蛋」——有了詳細的注腳。

　　一九七五年十月十二日，因毛澤東批判《水滸》未把造反進行到底，只反貪官不反皇帝，宣揚投降主義，梁效在《人民日報》推出〈水滸與程朱理學〉一文，指出：「反動腐朽的程朱理學是《水滸》宣揚投降主義的理論根據。」其結尾說道：

> 《水滸》以文藝形式宣揚程朱理學，潛移默化地毒害人們，妄圖使人成為封建綱常名教的奴隸。這件事告訴我們，從孔孟到程朱的儒家反動思想，在封建社會裡是地主階級向革命農民鼓吹階級投降的思想武器，是混入農民起義隊伍中的階級異己分子搞投降叛變的理論支柱。現代投降派劉少奇、林彪，也把它奉為至寶，作為他們投降賣國的依據。

把程朱理學說成《水滸》作者不反皇帝的理論基礎，當然沒有什麼根據；說劉少奇、林彪把儒家思想奉為至寶，也是不實之辭。值得一提的是，輕蔑程朱的李贄，是明確讚賞《水滸》中的忠君思想的（見李卓吾評《忠義水滸傳》）。換言之，敵道學陣營也互有衝突。

來看一下「文革」批孔的「成績單」：

> 據不完全統計，在十年「文革」期間，全國報刊登載的批孔文章大約有4000餘篇，其中，從1973年下半年到1974年底的一年半的時間裡，全國96家報紙、期刊、學報共刊登了批孔文章3000餘篇；從1973年到1976年，全國20餘家出版社出版了有關評法批儒、批林批孔的圖書大約有1400餘種。[43]

論眾矢所向，朱子恐怕僅次於孔子。

有文章指出，自一九七四年中共中央一號文件〈林彪與孔孟之道〉下發後，閩北地區地、縣、社、廠礦單位普遍開了聲討林彪和儒家文化的批判大會；據不完全統計，全區參加大批判會的達一百二十二萬四千餘人；順昌洋口、崇安洋莊、松溪松源等公社，登門宣講該文件，基本做到了家喻戶曉。[44]朱子家鄉的幹部群眾，注意發掘地方特色，以批朱的形式來「批林批孔」。一九七四年六月二十九日的《人民日報》第二版刊文〈朱熹的「待人」哲學與林彪的復辟詭計——福建省崇安縣五夫公社貧下中農和幹部批林批孔會紀要〉，提到：

> 批林批孔鬥爭開展以來，五夫公社和五一大隊的貧下中農和幹部，聯繫歷史的和現實的階級鬥爭的實際，多次召開批判會，

43　呂明灼等：《儒學與近代以來中國政治》，頁435-436。
44　齊東傑：〈「批林批孔」運動在閩北〉，《黨史縱橫》2016年第3期，頁53-56。

　　反覆批判了叛徒、賣國賊林彪反革命的修正主義路線，批判了
　　他鼓吹的孔孟之道和朱熹的「待人」哲學。

〈紀要〉引述當地人的話：「我們大隊府前生產隊，至今還立著一個
三米多高的『神道碑』。……朱熹幹麼要立這個石碑呢？原來是替鎮
壓方臘起義的劊子手劉子羽歌功頌德。」此碑即朱熹為義父劉子羽所
撰之〈宋故右朝議大夫充徽猷閣侍制贈少傅劉公神道碑〉，當時頗遭
嫉恨，所幸未被毀滅，一九八一年被縣政府移至武夷宮保存。建甌城
內豪棟街朱家老宅世傳朱熹十六代孫朱玉所立「朱子對鏡自畫像」
碑，文革「破四舊」，碑石隱跡豬欄，七四年夏才又重見天日（現存
建甌市博物館）。[45]此外，建陽黃坑朱子墓基本完好。單說文物命運，
閩北朱氏幸於東魯孔氏。

　　一九七五年一月九日，《人民日報》第二版全版刊發「河南省歷
史研究所大批判組」的文章〈批判朱熹的《四書集注》〉，引題為〈把
批林批孔運動普及、深入、持久地進行下去〉，文中宣稱：

　　《四書集注》，是南宋反動理學家朱熹為了維護官僚大地主階
　　級反動統治的需要，而炮製出來的一部黑書。這部書集中地發
　　揮了復辟、倒退、賣國的孔孟之道，宣揚了儒家的唯心論和形
　　而上學的反動世界觀，傳授了儒家大搞陰謀詭計的一套騙術。

《四書集注》是朱熹思想的縱深，如此抹黑，完全否認了朱熹學術的
價值。而在大眾傳播層面，另有待於在朱熹的做人和形象上做文章。
幾年前林慶彰、姜廣輝二人主編出版《文革時期評朱熹》[46]兩冊，計
收專書四種，報刊文章九十多篇。專書如下：

---

45 李琰之：〈彌足珍貴的「朱熹對鏡自畫像」〉，《收藏快報》2009年7月8日。
46 林慶彰、姜廣輝主編：《文革時期評朱熹》（臺北市：萬卷樓圖書公司，2013年）。

《略評朱熹》（江西人民出版社，1974）

《批判朱熹文集》（福建省圖書館，1974）

《可惡的朱熹》（贛南師範專科學校中文科，1975）

《朱熹的醜惡面目》（江西人民出版社，1975）

後二書名即屬罵詞。相比而言，眾多的大小篇章具體而微，自然可以
更為聳動，例如：

〈從朱熹的道學家偽善面孔看林彪反革命兩面派的策略〉（林
劍鳴，《西北大學學報》（哲學社會科學版），1974年第1期）

〈假道學掩蓋不了陰謀家的嘴臉——駁斥朱熹掩蓋孔丘陰謀家
嘴臉的卑鄙手法〉（黎洪，《文史哲》，1974年第2期）

〈朱熹醜史（五則）〉（李石重，《人民教育》，1974年第7期）

〈朱熹及其理學是什麼貨色〉（史宏，上揭《批判朱熹文集》，
1974年）

其內容不問可知。

　　《文革時期評朱熹》一書列有專題：「評朱熹與林彪」。批林與批
朱屢屢連在一起，是因為林彪說過一句：「要像朱子那樣去待人。」
請看以下論文：

〈批判朱熹在泉州地區的流毒〉（濤泗，上揭《批判朱熹文集》，
1974年）

〈朱熹在浙江的罪惡活動〉（黃昌喜、劉小令、趙貫東，《浙江
師範大學學報》（社會科學版），1975年第2期）

〈朱熹在漳州地區的罪行〉（漳州市第一中學、第五中學理論
學習小組，《文史哲》，1975年第3期）

〈朱熹在崇安的罪惡活動調查〉（丹山，《文物》，1975年第3期）

〈朱熹在嶽麓書院的罪惡活動〉（金鑫，《湖南師範大學社會科學學報》，1976年第1期）

泉州、浙江、漳州、崇安、嶽麓等等，過去都被譽為朱熹「過化之地」，而今紛紛變為朱熹遺惡之所。似乎是出於一種共謀，這些文章合力組成了對朱熹的無死角的攻擊。用《文革時期評朱熹》編者的話說，「文革」對朱熹做了「幾近毀滅式的批判」。

毋庸置疑，有史以來的敵孔敵道學莫甚於一九六六年的闕里之難與「文革」末幾年的批儒批孔運動。然而這又是不難理解的：一方面，從民國初年主流知識界否定傳統文化的現代價值，到一九四九年之後以政治之力把儒家文化定性為封建腐朽文化、宋明理學定性為唯心主義反動哲學寫入國民教科書，再到一代人之後儒家代表人物被剝奪死後僅剩的尊嚴，這一切是如此水到渠成（當然，走到挖墳與罵孔老二這一步，便也山窮水盡了）；另一方面，單就「文革」而論，當時無產階級的反智主義成為暢行無阻的政治正確，對古今中外文明成果無不欲踐踏而後快，連愛因斯坦的相對論也未倖免（陳伯達提出開相對論批判大會，要請中學生也參加），何況孔子？

一九四九年之後的群眾敵道學之為群眾，再舉兩個例子，讀者可以小見大。第一個是長春電影製片廠一九六〇年電影《劉三姐》的風靡，第二個是「文革」末期批孔連環畫（小人書）的大量發行。二者都是通俗文藝作品，由政治催發，由文藝工作者創作，由廣大群眾受用，因此其中的敵道學內容是政治敵道學、文學敵道學、群眾敵道學三者聯動的結果，而就影響來說，群眾敵道學的成分最重。

論其本身，《劉三姐》是一部優秀文藝作品，這裡只談該電影的主旨。劉三姐、財主、秀才，分別代表貧農、地主、封建文人，故事的兩大矛盾就是劉三姐鬥財主、劉三姐鬥秀才，後者與敵道學直接相

關。電影中，沒上過學的劉三姐用山歌把幾個飽讀詩書的秀才對得丟
盔卸甲，以顯示「勞動者最聰明最高尚」。[47]劉三姐嘲笑秀才們是「蠢
才」、「盲驢」；三個秀才鬥不過一個劉三姐，連財主都覺得自己養的
是無用文人。這個主題在那個時代是普通的，高明的是電影的藝術水
準。這部電影之受歡迎，中國影史少有其匹，風靡神州不說，上世紀
六十年代輸出東南亞華人社會，也是萬人空巷：在新加坡，電影賣座
率超過《亂世佳人》；在馬來西亞，它被評為世界十佳電影。[48]這樣一
個傳播面，不準確地說，抵銷了多少個詩禮傳家、耕讀傳家的傳統家
訓？同樣是電影，講述乞丐興學、讀書高尚的《武訓傳》，在一九五
一年被毛澤東批評為宣傳封建文化（指學堂學四書五經、武訓被清政
府嘉獎等事）、違背農民革命理論，之後長期是禁片（二○一二年才
解禁）。

　　至於批孔連環畫，發行量之冠是一九七四年六月上海人民出版社
印行的《孔老二罪惡的一生》（蕭甘編文，顧炳鑫、賀友直繪畫），印
數達到驚人的兩百五十萬冊。[49]據舊書收藏者統計，從一九七四年一
月到一九七六年底，評法批儒、批林批孔題材的連環畫有一百二十餘
種；「在發行量方面，有資料可查的四十六本中，一百萬以上十一
本；五十至一百萬七本；五十萬以下二十八本。」[50]凡標明印數的，
沒有低於十萬的。可以想像覆蓋面之廣。

---

47 鄭天健：〈關於《劉三姐》的創作〉，《劇本》1960年Z1期，頁91-96。

48 青雲：〈走下螢屏的「劉三姐」——訪著名表演藝術家黃婉秋〉，《炎黃春秋》1998
　年第1期，頁43-46。

49 據網友提供的不完全目錄（新浪博客用戶「冰心玉樹」網頁http://blog.sina.com.cn/
　s/blog_5c2501bb0102du7o.html，2016年5月19日訪問），「文革」連環畫估計過千
　種，印數超過《孔老二罪惡的一生》的，只有《龍江頌》、《沙努林》、《威震爺臺
　山》三種。

50 網易博客用戶「王者」網頁（http://water.729.blog.163.com/blog/static/252461652007
　3911249137/），2016年5月9日訪問。

　　這些連環畫的文字內容，基本上依照批孔文章或專書改編而來，屬於政治運動的下游產品。從一九七四年一月十八日中央一號文件〈林彪與孔孟之道〉劍指「孔老二」（影射周恩來），到四月一日《紅旗》發表梁效的〈孔丘其人〉，再到六月上海人民出版社推出《孔老二罪惡的一生》，是一個逐步深入群眾的過程。連環畫面向大眾，青睞有尖銳衝突的故事，而古代批孔反儒在這方面的內容著實有限，因此各地、各級出版社經常就相同的題目重複做文章，例如：《歷史上勞動人民反孔鬥爭的故事》先後有上海（三個版本）、浙江、遼寧、陝西、雲南、內蒙（分一、二集）等版本（或題名「歷代勞動人民反孔鬥爭故事」、「歷史上勞動人民的反孔鬥爭」）；《柳下跖怒斥孔丘》有人民美術出版社、上海、浙江、陝西、廣西等版本（或題名「柳下跖痛罵孔老二」、「柳下跖痛斥孔老二」）；《洪秀全砸孔牌》有四川、山東、遼寧、黑龍江、廣東等版本（或題名「砸孔牌」）。值得一提的是，柳下跖罵孔子，藍本為《莊子》〈盜跖〉，與一九〇六年章太炎《諸子學略說》一樣，把《莊子》〈盜跖〉當作信史，走利用諸子學反孔的路數。

　　批孔反儒連環畫的一大半，是站在暴力革命的下層階級立場，把儒家當作統治階級的一部分進行仇恨，上面提到的基本屬於這類，這類中還有《李自成反儒鬥爭小故事》《鍾相農民軍英勇抨擊孔學》等；第二多的是站在法家政治的立場，把儒家當作迂闊虛偽的東西進行鄙視，如《韓非批儒寓言選》、《秦始皇焚書坑儒的故事》、《桑弘羊舌戰群儒》。這兩類連環畫分別對應於「批林批孔」與「評法批儒」兩次政治運動。還有一類，大約只有幾種，題名如〈投降派宋江〉，是為回應毛澤東批判造反派不夠徹底而作。它們因批判《水滸》而直接涉及了程朱理學。

　　無論《劉三姐》還是《孔老二罪惡的一生》，都是相關領域的「經典」，至今還在發揮餘力，如《孔老二罪惡的一生》在二〇一〇

年電影《孔子》上映後被翻出來在互聯網上廣為傳閱。

第二節　新文化運動

　　現在把焦點轉向思想文化領域的群眾敵道學，其典範是一九一五至一九二〇年代的「啟蒙運動」。近代西學東漸以後從西歐啟蒙運動移植而來的「啟蒙」概念，其成立，在於批判，在於否定權威與偶像。

　　自有道學以來至二十世紀上半葉，批判偶像與權威有三次高潮：第一次，以明亡後的黃宗羲、顧炎武、王夫之等人為代表，以大明亡於甲申（1644），這裡簡稱「甲申批判」；第二次，以清末甲午（1894）戰敗後的嚴復、譚嗣同、梁啟超等人為代表，簡稱「甲午批判」；第三次，就是清亡後的「啟蒙運動」，或稱「新文化運動」，因通常與「五四」愛國運動混為一談，這裡簡稱「五四批判」，它以打倒「孔家店」為口號，敵道學的屬性不言而喻。三次之間，固然可以梳理出種種異同，這裡只想闡明兩點：（1）甲申、甲午的批判都是批政治權威與偶像，基本上無敵道學可言，而「五四批判」兼及思想哲學上的權威與偶像，欲將民族的道統與治統一並打倒，才變成嚴重的敵道學；（2）新文化運動是群眾性運動，其敵道學儘管主要由知識分子特別是文學家宣發，卻未必出於知識人內在的理性引導，更多的實為特殊時代下順應群眾意志的表達，也就是群眾敵道學。

　　先說第一點，甲申與甲午兩次批判大體上均不屬敵道學。治思想史者皆熟知，甲申鼎革之後，明朝遺民黃宗羲的《明夷待訪錄》、王夫之的《讀通鑑論》、顧炎武的《日知錄》、唐甄的《潛書》、呂留良的《四書講義》等，無不極言君主專制之非。顯例有：

　　（1）自秦以來，凡為帝王者皆賊也。（《潛書》〈室語〉）

（2）古者以天下為主，君為客，凡君之所畢世而經營者，為
天下也。今也以君為主，天下為客，凡天下之無地而得
安寧者，為君也。（《明夷待訪錄》〈原君〉）

（3）漢、唐以來，人君視天下如其莊肆然，視百姓如其佃賈
然，不過利之所從出耳。（《四書講義》卷二七）

然而這些批判者不僅不反儒，反而都是大儒，部分甚至宗奉程朱（如
顧炎武、呂留良），他們或他們的著作入清之後實為政治敵道學的對
象。這是常識了。「甲申批判」的重點是君主的集權專制，具體說是
批判以君為本的法家政治，批判的理由是這種政治違背了以民為本的
儒家政治。

清末的「甲午批判」，一大論調是百姓淪為奴隸，這比甲申批判
的百姓為客、百姓為佃之說是更激烈了；究其原因，與滿夷以奴才視
天下臣民逾二百年有直接關係。嚴復的〈原強〉（1895年3月《直
報》）是這樣說的：「自秦以降，為治雖有寬苛之異，大抵皆以奴虜待
民。……夫上既以奴虜待民，則民亦以奴虜自待。」他觀察到了民風
的怯懦，但十分清楚病根在秦政（遺憾的是，未提到滿清政治特有的
主奴觀）。梁啟超〈中國積弱溯源論〉（1901年5月《清議報》）持與嚴
復相同的觀點，並指出他「遍讀二十四朝之政史，遍歷現今之政界」
乃獲此結論，可見也是針對政治而言。清末的革命黨反滿，也有這個
論調，如曰：

所謂秦漢唐宋元明者，一家之謂也，其爭奪相殺循環無已，皆
一家之私事也。國民曰：「是所謂朝代也，非國也。」……彼
所謂君者，……舉土地為一己之私產，舉人民為一己之私奴，

　　而悍然自稱曰「國」。[51]

　　相比嚴、梁，這段話裡，國民與統治者區別對待而單以統治者為敵的指向性更加明確。國民為奴隸的論調為「五四批判」所繼承，其中魯迅的渲染最令人矚目。然而甲午之奴隸說終是以奴隸為惡政的結果，而「五四」的奴隸說則是直接斷言國民的「奴性」，即所謂「國民劣根性」，認為中華文明、中國文化（因周孔的緣故）自古至今都是劣質的，從而由局部否定進到全盤否定。

　　從否定政治傳統滑向否定文化傳統，前人言之已詳。錢穆先生把近代史學中的「革新」一派分三期。[52]在第三期「唯物史觀」之前的兩期，第一期是清末革命、維新志士的史觀，也就是「甲午批判」時期的史觀，認為：「中國自秦以來二千年，皆專制黑暗政體之歷史也。」說：「二十四史乃帝王之家譜。」錢先生評曰：「當時，有志功業之士所渴欲改革者，厥在『政體』。」此心與清初黃宗羲等人無異。第二期即新文化運動中的史觀，錢先生說：

　　　　彼輩之目光，漸從「政治」轉移而及「學術思想」。彼輩論
　　　　史，則曰：「二千年來思想，皆為孔學所掩脅。」或則謂：「二
　　　　千年來思想，皆為老學所麻醉。」故或者以當前病態歸罪孔
　　　　子，或則歸罪於老子。……或謂：「二千年來思想界，莫不與
　　　　專制政體相協應。」……或則謂：「思想限制於文字，欲一掃
　　　　中國自秦以來二千年思想之沉痼積痿，莫如並廢文字，創為羅
　　　　馬拼音，庶乎有瘳。」

---

51 〈原國〉（《國民報》1901年第1期），見張枬、王忍之主編：《辛亥革命前十年間時論選集》（北京市：生活・讀書・新知三聯書店，1960年），卷1，上。
52 錢穆：《國史大綱》（北京市：商務印書館，1996年），頁4-6。

總之，要看到「甲午批判」到「五四批判」的過渡，也要看到它是趨向極端的過渡。不但民為奴隸之說，不但革新史學，整體上，「五四」啟蒙的哲學基礎，包括平等觀、自由觀、民權觀、科學觀，以及一個特殊的思想工具——進化論，都已在甲午之後的維新、革命志士那裡揭破，其中嚴復、譚嗣同、梁啟超、章炳麟是佼佼者。其中，梁啟超又首屈一指，胡適早年曾懷著景仰的心情寫道：「梁啟超為吾國革命第一功臣，其功在革新吾國之思想界。」（1912年11月10日胡適日記）然而，即使到了民國紀元，梁啟超革新思想的表述仍然是：「我國由五千年專制一躍而進於共和，舊信條橫亙腦中，新信條未嘗薰受，欲求新政體之圓滿發達，難矣。」（1912年4月〈中國立國大方針〉）依舊是關乎政體。他的方針是要求自上而下的道德與制度建設，所以才會說：

> 其宰制一國之氣運而禍福之者，恆在極少數人士。此極少數人士，果能以國家為前提，具備政治家之資格，而常根據極強毅的政治責任心與極濃摯的政治興味，毗勉進行，而雖至危之局，未有不能維持；雖至遠之塗，未有不能至止者也。

梁啟超輩與即將在兩三年之後興起的直搗孔家店的年輕一代之間，有時候其區別是微妙的，然識者皆能有睹。事實上，新文化運動中梁啟超與康有為、章太炎一樣，都「變」成了文化上的守舊派。

這裡插入說明一點，錢穆先生可能未注意到，清末革命派中確有一個團體已經跟五四批判一樣，把中國當時之黑暗歸罪孔子，要將孔子文化與帝王專制一併打倒。他們是以《新世紀》雜誌（1907-1909）為據點的一群無政府主義者，在法國巴黎活動，骨幹是吳稚暉（1865-1953）、張靜江、李石曾數人。

（1）孔丘砌專制政府之基，以荼毒吾同胞，二千年矣。……
欲支那人進於幸福，必先以孔丘革命。（〈排孔徵言〉，
《新世紀》第52號，1908）

（2）（張之洞「中學為體，西學為用」的教育方案，唯一的目
的還是要講）「孔丘吃糞之學」。（〈臭皮囊蛻化〉，《新世
紀》第74號，1908）

（3）（歷代帝王本不尊貴，）乃孔丘朱熹輩，從而諂媚之，馴
致為神聖不可犯之至尊，而王若帝，又利用此等奴隸之
說，養成雷霆萬鈞之威權，至於今日之專制極點。（〈答
中國之一人書〉，《新世紀》第104號，1909）

（4）（吳稚暉見當時巴黎人也持「女子以順為正」的觀點，反
諷道：）孔阿爹的見識，畢竟能同洋先生預見一樣，真
正不虧稱個聖人！（吳稚暉〈強權〉）[53]

觀此等言論，《新世紀》人物對孔子的不屑，堪比早年的章太炎，只
是章太炎並不認為孔子要為專制政治負責；一口一個「孔丘」，以及
「吃糞之學」云云，如此謾罵口吻，上接洪秀全，下垾「五四」、「文
革」（章太炎1899年〈訂孔〉篇但曰「孔氏」）。應該說，從甲午戰敗
到新文化運動之前，敵道學最激烈的就是《新世紀》這批無政府主義
者了。恰好他們又是最早主張廢除漢字的（見《新世紀》第71號〈書
蘇格蘭君〈廢除漢字議〉後〉），與新文化運動期間的錢玄同、魯迅等
人同一主張，而廢除漢字是滅絕中國傳統文化的終極手段了。求其動
機，這批人最在意的是推翻滿清政府，敵孔態度儘管異常激烈，但規
模小，三言兩語無不是服務於排滿的政治目的。實際上，鬥爭的歷史
順序一定是，鬥贏了舊政權，才可能真正騰出手去鬥舊文化。以吳稚

---

53 見羅家倫、黃季陸：《吳稚暉先生全集》（中國國民黨中央委員會黨史史料編纂委員
會，1969年），第18，頁1057。

暉為首的這批旅法的無政府主義者，算不得清末變革思潮的主流，它作為支流最後匯入新文化運動，其高調的敵道學完全被後者吸收。

現在回到嚴復（1854-1921）他們。他們對道學的真實態度如何？輯幾則嚴復話語如下：

（1）試思周、程、朱、陽明、蕺山之流……其為國也忠，其愛人也厚……。吾惡道學先生者，非惡宋儒也。（〈道學外傳〉）

（2）朱晦翁謂雖孔子之言，亦須明白討個是非，則尤為卓犖俊偉之言。（同上）

（3）《論語》朱注亦不見有如何貽誤後生之處。（〈與熊純如書〉（二十四））

嚴復對朱熹不僅無惡感，反有好感。此外，他在〈陽明先生集要三種序〉（1907）中批評，淺人「懷鄙薄程、朱之意，甚或謂吾國之積弱，以洛、閩學術為之因」。嚴復的態度不言自明。同時他的話也反映，由甲午戰敗、庚子事變等一系列國難引發的救亡反思中，的確有一批人以國難歸罪道學，這是提前了的五四式批判，究竟是些什麼人，有待研究（應該包括《新世紀》那批革命派）。

再看譚嗣同（1865-1898）。其《仁學》糅合孔、佛、耶、墨等，提倡平等兼愛，「五倫」中只保留朋友之倫，倡仁學而毀禮法，因此譚嗣同儘管自詡孔子真傳，不失為潛在的敵道學，猶如上文提過的五斗米教、白蓮教等宗教組織的敵道學。一個相當的例子是，章太炎在一九〇三到一九一一年間篤信佛教，曾撰《五無論》，宣揚「無政府，無聚落，無人類，無眾生，無世界」。此類烏托邦思想必然也衝決倫常，只是不專門針對儒學或道學，所以這裡不處理。《仁學》中直接涉及道學的言論，曰：

（1）凡為仁學者，於佛書……於西書……於中國書當通
　　《易》、《春秋公羊傳》、《論語》、《禮記》、《孟子》、《莊
　　子》、《墨子》、《史記》及陶淵明、周茂叔、張橫渠、陸
　　子靜、王陽明、王船山、黃梨洲之說。（「仁學界說——
　　二十七界說」之二十五）

（2）世俗小儒，以天理為善，以人欲為惡，不知無人欲尚安
　　得有天理？……王船山有言曰：「天理即在人欲之中；無
　　人欲，則天理亦無從發見。」（上之「九」）

（3）王船山曰，「天理即在人欲之中；無人欲，則天理亦無從
　　發見」，最與《大學》之功夫次第合；非如紫陽之人欲淨
　　盡之誤於離，姚江滿街聖人之誤於混也。（上之「二十
　　六」）

（4）顧（炎武）出於程朱，程朱則荀學之雲礽；君統而已，
　　豈足罵哉！（上之「三十一」）

譚嗣同說過，「二千年來之政，秦政也，皆大盜也；二千年來之學，
荀學也，皆鄉愿也」，所以他把程朱列入荀學雲礽，是很嚴重的指
控。第（2）條中的「世俗小儒」，也是實指程朱。綜合言之，道學派
別中，譚嗣同能包容陸王心學、張載王夫之的氣學，惟切齒痛恨程朱
理學，以之為秦政的幫凶。譚嗣同一般認為是維新派，但其激進的人
生觀、文化觀其實很像當時及稍後的革命派。其呵罵程朱如此，不知
是否也在嚴復所批評的鄙薄程朱的人員當中？然而不管怎麼說，《仁
學》整部書要破的重點是秦以後的政治、社會制度，譚嗣同因憤怒秦
政，才偶爾遷怒於在制度建設領域突出的荀學、程朱學，滑入混淆治
統與道統的「五四批判」之列（對程朱他大致也就只有上述幾條言
語）。

梁啟超（1873-1929），當其於歐戰之後遊歷歐洲歸來（1919年著

《歐遊心影錄》），對西方文化、政治諸多詬病，對儒家、對中國文化
是堅定維護的了，這個無需多言。關鍵是，崇拜列強、啟蒙了「五
四」啟蒙者的那個較早的梁啟超如何？學者認為，梁氏一生影響最深
遠的是他的《新民說》，即一九〇二年前後發表於《新民叢報》的系
列論文。[54]一言以蔽之，新文化運動中一以貫之的範疇組——「新」
與「舊」的對立（含「新道德」與「舊道德」、「新倫理」與「舊倫
理」、「新文化」與「舊文化」等）——就是由梁啟超的《新民說》首
先闡發的；同時，「新」對「舊」的優勢就是「西」對「中」的優
勢，這個等式在《新民說》中也一覽無餘。新舊對立，以新代舊，以
西代中，其哲學基礎是嚴復引入的社會進化論；[55]嚴復本人也說過，
中國要強，就要「鼓民力、開民智、新民德」（〈原強〉）。新文化運動
之前，宣傳社會進化論、鼓吹援西救中最有力的，非梁啟超莫屬。梁
氏文筆，獨斷激昂，煽動性強，這對激起青年一代的好鬥之氣，更有
超出思想之外的影響。歷史的弔詭在於，《新民說》時期的梁啟超似
乎已無限接近於「五四」啟蒙，而翻遍《新民說》卻看不到詆毀孔
孟、誣衊禮教之語，甚至梁啟超為「新民」破題，取的還是朱熹《大
學集注》中的「新民」之義。[56]要之，梁氏當時汲汲於以西方市民社
會的「公德」取代傳統中國成聖成賢的「私德」，主要是著眼於大眾

---

54 黃進興：《從理學到倫理學——清末民初道德意識的轉化》，頁92。

55 「五四」前後基於社會進化論的這種絕對的去舊去中主張，後來毛澤東也批評：
「對於歷史，對於外國事物，沒有歷史唯物主義的批判精神，所謂壞就是絕對的
壞，一切皆壞；所謂好就是絕對的好，一切皆好。」（1942年〈反對黨八股〉，《毛
澤東選集》第3卷〔北京市：人民出版社，1991年〕，頁832）。

56 梁啟超《新民說》首篇〈釋新民之義〉：「新之義有二：一曰淬厲其所本有而新之，
二曰採補其本無而新之。」曰，此即先哲立教的「因材而篤與變化氣質之兩途」。兩
途皆宋儒所重。梁啟超號召向西方學習，同時不忘文化自信，保守傳統精華，曰：
「我同胞能數千年立國於亞洲大陸，必其所具特質，有宏大高尚完美，鑿然異於群
族者，吾人當保存之而勿失墜也」（〈釋新民之義〉）；「世或以『守舊』二字為一極可
厭之名詞，其然，豈其然哉？吾所患不在守舊，而患無能真守舊者」（〈論公德〉）。

秩序的構建，而對私德對於小眾的價值他並未否認。這與後來以大眾
視角為唯一視角，只要「公德」（西學）不要「私德」（中學），非此
即彼的「五四批判」有微妙的區別。梁啟超的新民說雖比朱熹的新民
說重視群眾生活得多，但依然是採取自上而下改造群眾、改造社會的
立場（如同1912年〈中國立國大方針〉中的意思），或簡單說，就是
歷代儒者「化民成俗」的一貫立場；而到「五四」新青年那裡，儼然
自己就是那工農群眾了。從群眾的重視者到自己化身群眾，從凝視一
個對象，到越靠越近，直到被對象吞沒，成為對象的一部分，這是從
量變到質變的一次跳躍。跳躍的結果就是文化批判中的群眾立場、群
眾性的凸顯。「五四批判」能稱為群眾運動，而「甲午批判」不能，
原因在此。

　　現在來處理第二個問題，「五四批判」的敵道學何以是群眾敵道
學？籠統地說，毫無保留地踐踏破壞一切權威，本身就是一種群眾狂
歡，哪怕中間有很多高級知識分子。作為那個時代的旁觀者，吳宓就
感受到了「五四」的反傳統思潮與一九二七年北伐中的群眾性破壞
之間的連續性：

> （新派學者）以專打孔家店為號召，侮之曰孔老二，用其輕薄
> 尖刻之筆，備致詆諆。盲從之少年，習焉不察，遂共以孔子為
> 迂腐陳舊之偶像、禮教流毒之罪人，以謾孔為當然，視尊聖如
> 狂病。而近一年中（鑫恣按，指1927年），若武漢、湘中等
> 地，摧毀孔廟，斬殺儒者，推倒禮教，打破羞恥。[57]

這裡特別值得注意的是吳宓口中的「盲從之少年」，他們通常與「（工
農）群眾」分開說，但因其盲從盲動的性格，本質上也屬於群眾。他

---

57 吳宓：〈孔子之價值及孔教之精義〉，《大公報》1927年9月22日。

們血氣方剛，好鬥，心智不熟，不計後果，在任何時代，如依附於破壞的事業，都是衝鋒陷陣的力量。都市的青年學生，與鄉下的無業青年，無一例外。典型例子是「文革」中的學生紅衛兵，他們甚至比「革命群眾」更具破壞性。

以下進一步從兩方面看待「五四批判」的內在的群眾性：一與白話文運動有關，一與兩面旗幟之一的「民主」有關。先說前者。圍繞《新青年》雜誌（1915-1926）而生的新文化運動，其重大社會影響之形成，肇端於一九一七年初編輯部從上海遷往北京，並隨之展開的「文學革命」，亦即白話文運動。當年一月號即發表胡適〈文學改良芻議〉，主張用白話文替代文言文寫文章。二月號發表陳獨秀〈文學革命論〉，要「推倒舊文學，建設新文學」，主要是「推倒雕琢的、阿諛的貴族文學，建設平易的、抒情的國民文學」。同期刊登胡適〈白話詩八首〉。一九一八年一月，《新青年》全面改版為白話文，帶動其他雜誌效仿，形成名副其實的「白話文運動」。同期刊登胡適、沈尹默、劉半農白話詩共九首，其中沈尹默的〈人力車夫〉、〈月夜〉、〈鴿子〉三首被認為是最早的見水平的白話詩。一九一八年五月刊登魯迅〈狂人日記〉，是為響應白話文運動的第一篇小說。才一、二年之間，白話文運動已成不可逆之勢。

白話文古已有之，如明太祖就留下許多口語聖旨。白話文運動不是創作白話文學而已，更重要的是，確立白話文學為新的國民審美標準。十九世紀二十年代，保守舊文學的黃侃，記錄了當時陳獨秀、胡適之流剛剛營造的古今之變：

（清末安慶桐城人吳汝綸〈深州風土記〉載朱元璋〈明洪武學校格式碑〉，）吳氏深笑聖旨鄙俚，則不知其身沒後不及廿年，自其鄉人（鑫恣按，指陳獨秀）創作所謂新文學，方以此物為文。今世學校課諸生，率以白話文為懿：《儒林外史》，價

值超乎方苞；徽州山歌，名譽高乎姚鼐。（黃侃1922年1月15日
日記）

白話文學，就是把自身定位於平民大眾的文學。然而如果只是要文學
語言的通俗化，尚不足以充分成就新文化運動的叛逆。譬如明清戲曲
小說本多通俗文體，卻常用來說忠說孝。又如，梁啟超發近代白話文
運動之先聲，其大量夾雜舊白話的「新民體」一度風行海內；其《清
議報》曾載〈論白話為維新之本〉一文（作者裘廷梁，1901），倡議
「一切學堂功課書，皆用白話編輯」，而白話的作用之一卻是「保聖
教」，使人人能讀四書五經。也就是說，必須有文學形式的通俗化加
上內容的革命化，才成就「五四」白話文運動的獨特個性，上引陳獨
秀的「國民文學」就包含了這兩重所指。最顯明的，《狂人日記》被
推崇，一半是因為它的白話，一半是因為它的反禮教；當然，該小說
成名，還離不開吳虞〈吃人與禮教〉一文（1919年11月《新青年》）
對其主題的宣傳。同樣是「新文學」，白話詩因為議事說理的能力有
限，反傳統的影響就要小得多。

　　如果說白話文運動的叛逆是書寫形式與內容的疊加使然，那我們
還希望搞清楚，為了達到方便平民精神文化生活的目標，單是語文的
通俗化、簡易化一條線有無可能造成敵道學？答案是肯定的，那就是
把這條線推到極致，簡化乃至廢除方塊字，改用字母，務必使中國語
文的難度降到最低，而這是切切實實萌生於白話文運動而後獨立發展
的一種呼籲與行動，支持者甚眾。

　　一九一八年四月《新青年》發表錢玄同〈中國今後之文字問
題〉，有曰：

　　　欲廢孔學，不可不先廢漢文；欲驅除一般人之幼稚的野蠻的頑
　　　固的思想，尤不可不先廢漢文。……欲使中國不亡，欲使中國

> 民族為二十世紀文明之民族，必以廢孔學、滅道教為根本之解
> 決，而廢記載孔門學說及道教妖言之漢文，尤為根本解決之根
> 本解決。

微妙之處就在於，一場簡單的文字變革，被寄託了與傳統徹底決裂的
企圖。魯迅一九一九年一月十六日致信許壽裳，也表示，「漢文終當
廢去，蓋人存則文必廢，文存則人當亡。」以為中國民族的生存須以
去中國化為前提。後來更說，「方塊字真是愚民政策的利器……漢字
也是中國勞苦大眾身上的一個結核，病菌都潛伏在裡面，倘不首先除
去它，結果只有自己死。」（1934年12月〈關於新文字〉）臨終前仍宣
稱，「漢字不滅，中國必亡」（1936年10月〈答救亡情報訪員〉）。傳統
文化是愚民的，廢漢字乃為勞苦大眾的緣故，魯迅把這層意思明確地
說了出來。漢語字母化、拉丁化不是一二人的呼籲，而是五四一代人
的共識。一九三五年，蔡元培、魯迅、林語堂、郭沫若、茅盾、胡
繩、黎錦熙等六百八十八位知名人士，發布聯合宣言〈我們對於推行
新文字的意見〉，說道，「方塊漢字難認、難識、難學，……中國大眾
所需要的新文字是拼音的新文字」，提出拉丁化新文字是「推進大眾
和民族解放運動的重要工具」。一九三○年代著名的全盤西化論者陳
序經，甚至表達了對陳獨秀、胡適二人的不滿，就因為他們不曾加入
廢漢字之列，只做到「部分的西化」（〈東西文化觀〉，連載於《嶺南
學報》1936年7月、8月、12月）。

　　不用說，假如廢除方塊字得逞，對中國文化、對儒學、對道學的
損害不可估量。今天來看，中國並未因為堅持用方塊字而亡國，通過
普及教育東亞漢字圈的文盲率已不值一提；同時我們知道，儘管歐洲
一直用字母文字，但在十八、十九世紀陸續推行義務教育之前，西歐
各國的文盲率是高企的。不得不說，當初錢玄同、魯迅們不過是嚴肅
地說了個笑話。他們之所以鬧這樣的笑話，不是別的緣故，正是執著

於群眾立場、囿於群眾視角的結果。這些「青年導師」，本人對國學往往不無造詣，他們說那些話，其實是把自己放在青少年、放在文盲的位置上，設身處地考慮他們的需要。只是，他們並非進入這個群體中千差萬別的個體角色，而是下沉到社會現有學習能力的平均線以下，似乎越往下意味著自己代表了越多的人。若是借推廣教育以普及文化，便是梁啟超的自上而下的「新民」途徑；若是通過使文化簡單化以滿足盡可能多的大眾，便是「五四」部分導師們採用的「新青年」（「新」作動詞）的辦法，它本質上是討好思想不成熟或知識上有限但數量上最龐大的人群，簡單說就是把自己變成群眾以爭取群眾，或者就叫民粹主義。也許一些導師並無這樣的主觀動機，但要看到，新文化運動越往後越強調工農群眾，二十年代已提出「文學革命」要升級為「革命文學」（詳下），以勞動者的審美為最佳審美，據此可推測，從白話文運動走來的人們，如無充分的自覺，似乎很難避免陷入民粹。

　　五四敵道學內在的群眾性，第二點便與「德先生」、「賽先生」中的「德先生」（民主）有關。民主，一九一五年陳獨秀為《新青年》（當時還叫《青年雜誌》）撰寫的發刊詞《敬告青年》中叫「人權」，曰：「國人而欲脫蒙昧時代，……當以科學與人權並重。」民主或人權究竟何義，這裡說不清楚，陳獨秀也不一定十分清楚。最清楚不過的，是兩面旗幟的對立面：「科學」這面旗幟用來反對宗教（主要是佛、道），而民主（人權）這面旗幟主要用來反對儒家。反對儒家的什麼呢？三綱五倫，重點是三綱——所謂君為臣綱、父為子綱、夫為妻綱，對應於忠、孝、節（或從）三種倫常。「五四」啟蒙運動師法歐洲人文主義啟蒙運動，後者反基督教神權，而中國並無類似神權可反，「五四」啟蒙者於是抓住了「三綱」，目之曰君權、父權、男權，這也就是他們眼中「吃人的禮教」的中心內容，或者竟是全部內容。胡適在詮釋戴震「以理殺人」一句時就是這麼發揮的：

> 八百年來，一個理字遂漸漸成了父母壓兒子、公婆壓媳婦、男
> 子壓女子、君主壓百姓的唯一武器，漸漸造成了一個不人道，
> 不近人情，沒有生氣的中國。(《戴東原的哲學》，1925)

抨擊君權、父權、男權，共同之處是為弱勢群體且只為弱勢群體發
聲，這個群體的個體間的差異可以很大，但共同被認定是受奴役的，
堪比奴隸。這就是一種群眾主義立場。「五四」啟蒙者所謂人權，並
非從天理、上帝等超驗原則中推出的普遍人權，而是為了鬥爭所謂君
權、父權、男權的需要，特意張揚的「奴隸們」的人權。

　　新文化運動中以破壞為目的的文字（含學術作品與文學作品），
我們沒有統計資料，但可以肯定，其中反禮教是最大的主題，文章最
多。「隻手打倒孔家店的老英雄」吳虞（1872-1949），專事反孔，未
曾談過科學，其「五四」前後的文章〈家族制度為專制主義之根據
論〉、〈說孝〉、〈道家法家均反對舊道德說〉、〈吃人與禮教〉、〈儒家主
張階級制度之害〉（《吳虞文錄》卷上的全部內容），全是為破禮教而
發。從一九一六至一九一九年，陳獨秀寫出批康批孔文章近四十篇
（批康是因為康有為鼓吹孔教），觀點有三：孔教不是宗教；孔教不
能寫入憲法；孔孟不適應現代生活。[58]第三個觀點主要就是攻擊三
綱，同時第二個觀點又與第三條的成立有最大的理論關係，如陳獨秀
說孔子提倡「禮不下庶人，刑不上大夫」，是維護少數「君主貴族之
權利與名譽」，「於多數國民之幸福無與焉」，因此與現代憲政不容
（〈孔子之道與現代生活〉）。實際上，陳獨秀批儒的重中之重就是儒
家的道德與政治學說，而他於一九一六年一月在《新青年》刊出的
〈一九一六〉一文就明確說過：「儒者三綱之說，為一切道德政治之

---

58 沈寂：〈中國新文化運動的主旨──論陳獨秀批康批孔〉，《學術界》2006年第4期，
　　頁152-160。

大原。……率天下之男女，為臣、為子、為妻，而不見有一獨立自主
之人者，三綱之說為之也。」吳、陳之外，站在「被壓迫、被奴役」
的群眾立場控訴禮教的文字仍然汗牛充棟，文學類的可能數不勝數。

　　相比「甲申批判」、「甲午批判」把矛頭對準君主專制，在君臣
（君民）一倫上做文章，「五四批判」增加了父權、男權兩項，在國
家權力結構之外又深入家庭權力結構。而無人不有家庭經驗，如此這
般，就把對政治漠然的小老百姓、涉世未深的成年乃至未成年學生都
拉了進來，使得人人喊打禮教成為可能。同時，這也使得批判能夠深
入社會細節，生產最為豐富多彩的批判內容。當此之際，富於想像、
善於煽情的文學之士就派上了用場，文學敵道學與群眾敵道學欣然配
合。魯迅一九一八年在《新青年》發表〈狂人日記〉，乃出於錢玄同
的催請；魯迅自謂其小說集《吶喊》為「遵命文學」──遵「革命的
前驅者的命令」（《南腔北調集》之〈《自選集》自序〉）。這正是「五
四批判」中文學敵道學配合群眾敵道學的絕佳示例。

　　用文學反禮教的魯迅，成就分小說與雜文。他的短篇小說似乎不
能處理反君權這種大敘事，於是他把這個課題交由雜文的短槍匕首般
的議論去實現。例如其雜文名篇〈燈下漫筆〉（1925年5月）說道：

（1）中國人向來沒有爭到過「人」的價格，至多不過是奴
　　　隸。
（2）（中國歷史是百姓）想做奴隸而不得的時代（與）暫時做
　　　穩了奴隸的時代（的循環）。
（3）（在中國，）大小無數的人肉的筵宴，即從有文明以來一
　　　直排到現在。

君權之下全是自甘為奴的奴隸，中國有史以來莫不如此，對作者來
說，這種一筆抹殺真是痛快淋漓，而斬釘截鐵地說一連串別人從不敢

說的話，對讀者特別是青年讀者來說，同樣刺激無比。關鍵的，魯迅並不強調皇帝之壞、政客之壞、軍頭之壞，而是處處暗示孔孟程朱這些「先儒」之罪。至於魯迅的小說，凡具反禮教宗旨的，基本不處理儒家的政治倫理，只是基於反父權、反男權的「五四」話語，通過刻畫弱者、邊緣人群的日常生活，集中抨擊儒家的社會、家庭倫理。其小說集《吶喊》、《彷徨》，收錄其一九一八至一九二五年的作品，凡〈狂人日記〉、〈孔乙己〉、〈藥〉、〈阿Q正傳〉、〈祝福〉等，都是寫鄉村小人物的悲慘與愚昧。村裡的「狂人」、孔乙己、華老栓、阿Q、祥林嫂，分別是精神病患者、沒有功名的窮酸文人、把人血饅頭當藥的愚夫、無賴、喪子變癡的愚婦；他們被設定了共同的身分──儒家文化的底層受害者。這些小說，營造的是一個黑暗壓抑的平民世界。當然，小說擅長寫日常生活，擅長在家庭倫理、社會倫理上做文章，不代表雜文就不能。《新青年》上光拿明清以來盛行的婦女裹腳、貞節牌坊、包辦婚姻等說事的議論文極多，其中包括魯迅的〈我的節烈觀〉（1918年7月），文章說道：

（1）由漢至唐也並沒有鼓吹節烈。直到宋朝，那一班「業儒」的才說出「餓死事小，失節事大」的話，看見歷史上「重適」兩個字，便大驚小怪起來。

（2）失節一事，豈不知道必須男女兩性，才能實現。他（鑫恣按，指「業儒」）卻專責女性；至於破人節操的男子，以及造成不烈的暴徒，便都含糊過去。

一九一八年的這篇文字，措辭算溫和的。

總的來說，「五四批判」及其所有追隨者中，小說、戲曲這種講故事的文學類型用於反禮教的，數量最多、影響最大的就是反儒家的家庭倫理，其中包括茅盾的《虹》（1929）、巴金的《家》（1931）、曹

禺的《雷雨》（1933）。相比魯迅的《吶喊》、《彷徨》，越往後的敵道
學小說，禮教受害者的角色就越多地起而反抗了，他們多半是接受了
新風氣的男女青年，與家長作風、包辦婚姻等鬥爭，這就是從「文學
革命」走向「革命文學」了（詳後）。這些小說、戲曲所虛構的故
事，無意區分程朱理想的禮教與現實中異化的禮教，它們只是要讀者
簡單記住──禮教害人！

　　以上說明新文化運動或曰「五四」啟蒙運動的敵道學的群眾性。
新文化運動的結束時間眾說紛紜，最寬鬆的大概能算到國民革命軍的
北伐與勝利──「五四」思潮打倒了軍閥與孔教，同時迎來了孫文主
義的思想獨尊，這是「五四」結出的果子。不管怎麼樣，新文化運動
是很快結束了，許多參與者意猶未盡。一九二九年三月，顧頡剛
（1893-1980）在浙江大學演講，題目是「怎樣喚起第二次新文化運
動」。余英時先生指出：「很顯然的，他認為第一次新文化運動並未能
深入民間。」[59]顧頡剛正是積極參與新文化運動及其敵道學的年輕一
員，一九一六至一九二〇年在北京大學讀書。後來他回憶：「那時大
學中宋代理學的空氣極重。我對於它向來不感興味，這時略略得了一
些心理倫理的常識之後再去看它，更覺得觸處都是誤謬。」（《古史
辨》〈自序〉）如果說第一次新文化運動顧頡剛是普通參與者，那麼到
了一九二九年他希望做得更多，他大概認為第一次局限在了知識分子
的範圍。如上所述，新文化運動的群眾性是毋庸置疑的，但文人學者
的群眾立場畢竟不等於群眾自主的運動。

　　顧頡剛在呼籲，當時的共產黨人與左派人士也在行動，他們都在
努力開啟新的運動，把新文化運動的群眾性推上新臺階，儘管各方目
的容有不同。以下就略述二十世紀二、三十年代這方面的群眾敵道學。

---

59 余英時：《未盡的才情──從〈日記〉看顧頡剛的內心世界》（臺北市：聯經出版事
　業公司，2007年），頁3。

　　第一個就是「文學革命」向「革命文學」的提升與轉變，而革命文學就是思想文藝領域的無產階級革命，是最徹底的群眾文學。此事於一九二○年代已發生，五四啟蒙主將中追上這一轉變的只有魯迅，後來的點將錄上最耀眼的就是有名的魯、郭、茅、巴、老、曹六人。最早呼籲把「五四」文學革命轉向無產階級革命文學方向的，是當時創造社的成員郭沫若，他於一九二三年五月發表〈我們的文學新運動〉（《創造週報》第3號），而同屬創造社的成仿吾一九二八年二月有文〈從文學革命到革命文學〉（《創造月刊》第1卷第9期）。同調沈雁冰（茅盾）一九二五年有〈論無產階級藝術〉長文（在《文學週報》連載），論曰：「怎麼叫做革命文學呢？淺言之，即凡含有反抗傳統思想的文學作品都可以稱為革命文學。所以它的性質是單純的破壞。」革命文學是如此激進，以致連魯迅因看法稍有不同，都被郭沫若罵作「封建餘孽」（《文藝戰線上的封建餘孽》，《創造月刊》第2卷第1期）。一九三○年三月，共產黨文人與其他左傾文人成立左翼作家聯盟，革命文學達成統一戰線。左聯以魯迅為精神領袖，設執行委員會，下設組織部、宣傳部、編輯部等，共產黨員夏衍、錢杏邨、柔石等曾任執行委員，文藝理論家馮雪峰、周揚等曾任黨團書記。左聯的成立，意味著用文學破壞傳統有了強有力的組織保障，工農階級的群眾敵道學具有廣泛共識。一九三六年，魯迅逝世，同時迫於抗日救亡急需更廣泛的愛國統一戰線的形勢，左聯解散。學者總結：

> 從廣義上說，從一九二二年中國共產黨所領導的社會主義青年團的機關刊物《先驅》增闢「革命文藝」欄開始，到一九七八年十二月中共十一屆三中全會以前的這段時期的文學，都可稱之為「革命文學」。[60]

---

60 祁志祥：〈從文學革命到革命文學──論五四新文學運動的價值轉向〉，《雲南大學學報》（社會科學版），第2卷第2期（2009年3月），頁66。

半個世紀以來，革命文學的作品累積到無數，不少至今仍被被閱讀、被推崇，我們都很熟悉，這個不必說了。這裡分析一下瞿秋白《餓鄉紀程》（1920-1921）裡的一段話。瞿秋白（1899-1935）講述他誕生在「士」階級的家族裡：

> 我單就見聞所及以至於親自參與的中國垂死的家族制度之一種社會現象而論，只看見這種（動搖漸滅的）過程，一天一天走得緊起來。好的呢，人人過一種枯寂無生意的生活。壞的呢，人人——家族中的分子，兄弟，父子，姑嫂，叔伯，——因經濟利益的衝突，家庭維繫——夫妻情愛關係——的不牢固，都面面相覷戴著孔教的假面具，背地裡嫉恨怨悱詛咒毒害，無所不至。

他也記得幼年在家族生活中嚐到的種種的好，然而「內的需求」（指個性解放），最終促使他「決然忍心捨棄老父及兄弟姊妹親友而西去了」。他的西去是去蘇俄學習無產階級暴力革命的主義。不準確地說，假設瞿秋白只是描述他家族的黑暗、孔教的虛偽，那就同魯迅的《吶喊》一樣，屬於「文學革命」範疇；一旦從家族出走而「西去」，便踏入了「革命文學」的門檻。也就是說，一九二二年以前實際上已經有了「革命文學」。

自從無產階級的文藝觀或者說勞動人民的文藝觀建立並獨尊後，幾千年來的主流審美、核心價值受到最徹底的傾覆，凡與士大夫品味、儒家文化有關的東西受到最堅決的鄙棄；同時，農民的活動、下層的故事、俗的文化作為對立面，獲得前所未有的挖掘與頌揚。前引黃侃日記說，白話文運動效應下，已經是「儒林外史，價值超乎方苞；徽州山歌，名譽高乎姚鼐」。此時則更進一步。列文森先生較詳細地闡述過中國共產黨人如何在文學、藝術、科技領域重構中國歷史

上的「人民傳統」，即數量上占絕對優勢的大眾的傳統。在此新「傳統」下，幾乎所有古典論斷都被顛覆，《詩經》變成了「民歌總集」，嵇康獲得了大眾性，無名氏創作的敦煌壁畫被膜拜，樸拙的民間工藝如剪紙大受讚譽，被認為是勞動人民智慧成果卻受士大夫鄙視的醫學（中醫）地位空前提高。[61]

　　沒有相應的史學的配合，這種對文藝史、對民族文化的重構是做不到或做不好的。郭沫若恰好同時是革命文藝的先行者與革命史學的第一人。一九三〇年郭沫若完成《中國古代社會》，引入馬克思主義唯物史觀，以五階段論分割國史，秦漢至明清是地主階級統治的封建社會。於是，儒家傳統成了應該被打倒的封建地主的傳家寶，特別地，宋明道學就成了沒落的「封建社會後期」的「上層建築」，而歷代農民戰爭及其破壞行為無不應該被讚頌。范文瀾（1893-1969）於一九四一、一九四二年出版的《中國通史簡編》（上下冊）是第一部貫徹五階段論的中國通史寫作，書中寫朱熹，故意採信慶元黨案中政敵的誣衊之辭，把他定義為一個下作的偽君子。《中國通史簡編》後在范文瀾、蔡美彪兩代人的努力下，擴展為十冊的《中國通史》，於一九九五年出版，舊框架被保留，但有關朱熹的「劣跡」終於被刪。對朱熹的學說及其歷史地位的評價趨於平正，而對其「倫理綱常」之說仍是簡單理解為教人服從的封建道德，特別是事關婦女時，程朱的「餓死事小，失節事大」之說，古代部分地區婦女穿戴的「文公兜」、「木頭履」，都成為道學壓迫婦女的證據（《中國通史》第8冊）。而王守仁仍然是「鎮壓農民起義」的人，其「破山中賊易，破心中賊難」是「深感消滅盜賊易，消除人民反抗思想則很困難」（《中國通史》第10冊）。與群眾主義立場的通史寫作同步進行的是群眾主義立場的思想史哲學史寫作，影響巨大的有侯外廬等人的《中國思想通史》

---

61 約瑟夫·列文森著，鄭大華、任菁譯：《儒教中國及其現代命運》，頁117-122。

（1947、1950、1951、1959、1960、1963）、任繼愈主編的《中國哲學史》（1963）、馮友蘭獨撰的《中國哲學史新編》（1960年代），這些書對孔孟程朱陽明的具體學說不乏認真的考辨，而一旦論及背景，牽連於群眾史觀（唯物唯心鬥爭論、階級鬥爭論均與此有關），則不惜對他們的思想與人格予以整體否定。

　　第二個是發生於一九三〇年代的「新啟蒙運動」，歷時較短暫。一九三六年九月十日，時任中共中央北方局宣傳部長的陳伯達，在上海的《讀書生活》雜誌發表《哲學的國防動員——新哲學者的自己批判和關於新啟蒙運動的建議》，呼籲新哲學者建立反對孔教的聯合陣線，呼籲發動「大規模的新啟蒙運動」，還部署了九項工作，敵道學方面包括：一、整理和批判戊戌以來的啟蒙著作；二、接受「五四」時代「打倒孔家店」的號召，繼續對中國舊傳統思想、舊宗教作全面的有系統的批判。所以有此呼籲，在於共產黨人看到了「五四批判」的一過一不及——過，是指其反傳統很好，但過於情緒化；不及，是指其群眾性很好，但不夠深入。這場有組織的「新啟蒙運動」，核心參與者主要是艾思奇（共產黨員）、何干之（共產黨員）、張申府（中共創始人之一）、柳湜（共產黨員）、吳承仕（共產黨員）等。其中張申府提出過「打倒孔家店，救出孔夫子」的口號。總體上，該運動反響不大，一九三七年七月全面抗戰爆發後即歸於消散。它提倡系統介紹西歐的啟蒙運動及其重要著作，繼承「五四」個性解放、思想自由的精神，不符合共產黨發展的新趨勢。當一九四〇年一月毛澤東發表〈新民主主義論〉，欲告別「資產階級民主革命」時，便連「新啟蒙」一詞也不再被提起。[62]

　　值得一提的是，共產黨「新啟蒙運動」之前的一九三〇年，國民

---

62 新啟蒙運動的過程，詳見李亮：《揚棄「五四」——新啟蒙運動研究》（北京市：生活・讀書・新知三聯書店，2012年），頁5-16。

黨左派鄧演達已提出「新啟蒙運動」概念，[63]他站在平民大眾的立場，認定當時的中國是孔教與基督教的聯合統治，呼籲以新啟蒙「打倒孔教！打倒基督教！……中國農工平民大眾解放萬歲！」鄧氏的主張，與蔣介石政府當時提道統、講四維八德有關。共產黨搞新啟蒙以繼續反孔，則與日本在偽滿洲國與華北淪陷區推廣讀經尊孔有關。實際上，新文化運動也與袁世凱復辟尊孔有關，敵道學就這樣屢屢與時局鬥爭連在一起。一九三七年七七事變，國家危在旦夕，國人一致抗日，各種批評謾罵民族文化的聲音才陡然銷聲匿跡。然而，日本侵略者的尊孔仍不免叫人兩難。當時有一本叫《新文化月刊》的雜誌（第一卷第二期）刊登毛春翔文章〈論孔子〉，有曰：

> 倭寇在沒有正式同我們開火以前，也就大祭孔子，大敬孔子。七七以後，在淪陷區，更特別崇敬孔子，強迫淪陷區的我們的同胞個個讀孔子的書，學孔子的樣，這是什麼把戲呢？這是侵略者想抬出孔子來爭取順民的心，歸向他，盡忠於他，好好做馴服的奴隸。

文章呼籲國人「理性」對待孔子，作者相信「五」四學者已經正確地重估了孔子：「到（民國）十五年大革命的時候，迷信孔子的學者，已經很少很少。倭寇今日還想利用孔子來麻醉淪陷區老百姓，這未免太笨了！」毛春翔（1898-1973），一介普通學者，因仇日而及於孔子，想必在當時也有一定代表性。自清末《新世紀》革命派開始要孔子為邪惡政治背黑鍋，五四批判把這種思路推向頂點，構成一種批判範式後，流風所及，至於民族危亡之際仍有人不知保守民族文化根基，與日寇爭道學正統，反將之與日寇同視以仇敵。譬如有惡棍窺伺

---

63 鄧演達：〈南京統治的前途及我們今後的任務〉，《革命行動》第3期（1930年11月）。

我家業，見小女靚麗，喜之，強以為配，我不之爭，反覺小女污矣，
且曰，「惡棍謀得我兒以收我心，勿上當」，竟欲將惡棍與小女一併掃
地出門。是何心哉？必愚夫也！

第六章
結語

　　由以上敘述與分析，無疑能夠得到結論：敵道學在中國歷史上是一貫的，貫穿古今；同時，政治敵道學、文學敵道學、群眾敵道學三者又有各自的一貫性，貫穿古今。不同時期的敵道學縱然各有側重，但敵道學本身始終存在，這是道學進入現實社會的必然命運。我們把看起來十分異質的兩個歷史時空——古代與近現代，「封建」時代與「革命」時代——納入同一個敘述軌道，得到的是種種連續與累積的過程。清末西方列強入侵所帶來的「兩千年未有之變局」，寫就了國人熟悉的斷裂的中國文化史。而我們的敵道學史呈現出來的，是二十世紀中國歷次文化革命行為的源自中國內部的必然性。

　　歸根結柢，無論政治敵道學、文學敵道學、群眾敵道學，都是「俗」對「道」的抗命，是普遍的人性行為，因而是不可避免的。二十世紀的中國有別於過去之處，是這種抗命獲得了全面勝利。像西方基督教的沒落一樣，「俗」對「道」的全面勝利，表示中國世俗化社會的全面到來。

　　三類敵道學，其根據分別在於權力意志（政治）、感情宣洩（文學）、弱者心理（群眾），這些東西具有相對價值，但不具有永恆價值。我們相信，社會總有世俗的一面，這些東西永遠不會消失，但社會更需要道學為之制衡。歷史的經驗是，道學並不唯我獨一，並不企圖消滅世俗權力等，它可以與全部這些社會要素進行合作，它的企圖一向是含容並馴化它們。儒家迥異於一些宗教之處，它的道本身混著俗，特別是宋明道學，理論與實踐中的大眾性、社會性都已邁上新高度。所以儒家不會視世俗化如洪水猛獸，清末士大夫對西方世俗文明

不僅沒有恐慌，更是積極學習。儒家警惕的是「全面」二字，庶民的全面勝利、全面的世俗化等等，徹底取消道，這是不行的。就我國而言，在不能脫離原有文化傳統的情況，在道學與敵道學的共存中保持道學（儒學）在文化中的統領地位，這樣的社會似乎最為健康。

附錄
關於朱子的誣詞、謠言
——彙總與澄清

　　鑫焱按，朱子乃生前及死後被醜化最嚴重之道學家。古人讀朱子之書，知朱子其人其事，不待解釋而知此等狂言妄語之謬。進入二十世紀，疑古反古蔚為時尚，弄潮兒以抨擊嘲弄古聖先賢為樂，捕風捉影，極盡抹黑詆毀之能事。時代濁流之下，聖賢醜聞愈傳愈廣，終於人人得而笑聖賢。約至七、八十年代，方有陳榮捷先生（1901-1994）在海外起而駁之，隨後破謠辯誣之文漸多，惟隻鱗片爪，散落書海。今欲彙總諸醜聞，以陳榮捷、束景南等先生最早一批文章逐次澄清反駁之，然後朱子百年之冤（1915至今）可以大白。為便閱讀，對原文有增刪潤色，注釋悉刪除。

一　朱熹一概反對孀婦再嫁？

　　「五四」運動以來，攻擊理學者，最喜舉伊川先生程頤「餓死事小，失節事大」之語，以攻擊伊川，亦即以攻擊朱子。以文化大革命十年內為最烈。北京歷史博物院特標此二語，以示程頤之殘之忍。革命者借此為口號，並不為奇。然以此語代表「封建制度」之殘害婦女，則太過簡單。

　　伊川之言，來自《二程遺書》。《遺書》云：

　　　　問：「孀婦於理似不可娶，如何？」曰：「然。凡取以配身也。若取失節者以配身，是己失節也。」又問：「或有孤孀貧窮無

託者，可再嫁否？」曰：「只是後世怕寒餓死，故有是說。然
餓死事極小，失節事極大。」

朱子與呂東萊合輯《近思錄》，採用此段為第六章〈家道〉之一條。
顯然有意維護儒家之家庭制度。然朱、呂所採伊川之言，皆以其義理
正當，可作行為之範。伊川對孀婦再嫁之問，不答以傳統制度，而答
以失節問題，且婦之失節亦即夫之失節。可知節之問題，乃伊川之中
心問題。此問題從孔孟以來，在儒家思想上極是重要。孔子曰：「君
子喻於義，小人喻於利。」孟子曰：「生亦我所欲也，義亦我所欲
也。二者不可得兼，捨身而取義者也。」從此角度觀之，則伊川之
論，並非特殊。在程朱之倫理系統，此是古今不易之常理。門人陳守
之女弟作寡，朱子去書曰：

> 朋友傳說令女弟甚賢，必能養老撫孤，以全〈柏舟〉之節。此
> 事更在丞相（陳守之父陳俊卿）夫人獎勸扶植，以成就之，使
> 自明（鄭鑒）沒為忠臣，而其室家生為節婦。斯亦人倫之美
> 事，計老兄昆仲，必不憚贊成之也。昔伊川先生嘗論此事，以
> 為餓死事小，失節事大。自世俗觀之，誠為迂闊。然自知經識
> 理之君子觀之，當有以知其不可易也。伏況丞相一代元老，名
> 教所宗。舉錯之間，不可不審。熹既辱知之厚，於義不可不
> 言。未敢直前，願因老兄而密白之，不自知其為僭率也。

朱子此事不敢直言，必是俊卿欲為孀女再嫁，而朱子則以義為重，亦
為名教之所關也。

數百年後，汪紱復申此義，且設譬以闡明之。其《讀近思錄》有
云：

孀婦不可娶，以自信君子言之。若市井小人，何能問此？然或疑程子此章之言為過，則程子此言非過也，常理而已。孀婦怕寒餓死而失節，何異於臣怕戰而降賊哉？孀婦再嫁，孀婦亦羞之。羞而可為，則亦何不為之有？可以知人道之大防矣。

汪氏從基本問題著想，可謂善於讀書。「人道之大防」，固不止為婦人言也。張伯行極尊朱子，然亦以伊川此言為過，似以朱子為不應採用者。故其所著《近思錄集解》刪去此條，而以伊川「兄弟之愛」一段代之。此處拋龍轉鳳，從來未經有人察覺。伯行可謂不識程朱矣。

或謂婦人須忠於一夫，而男子可以續娶，豈非不平之甚耶？應之曰：「此誠是矣。」當時制度如此，朱子亦遵從之。其答門人李晦叔書云：「夫婦之義，如乾大坤至，自有差等。故方其生存，夫得有妻有妾，而妻之所天，不容有二。」宋代社會制度與二十世紀之社會制度當然不同。然吾人不能以二十世紀之標準，以評定宋代之習俗。亦猶一千五百年後，如實行公妻，而謂吾人在二十世紀之一夫一妻為不道德，不自由也。

或謂孀婦將死而不救耶？伊川答語，乃依據原則而言。朱子採用此段，亦以其原則之故。至於實際情形，則或有反經為權之必要。此是經權問題，從孟子以來，提出男女授受不親，而溺嫂則應援之以手，亦成為儒家之中心道德問題。伊川論經權云：「權量輕重，傳之合義。才合義，便是經也。」朱子亦云：「經是萬世常行之道，權是不得已而用之，須是合義也。」伊川之父，嘗行權矣。伊川撰其父之家傳，述其父取（娶）外甥女歸嫁云：「既而女兄之女又寡。父懼女兄之悲思，又取（娶）甥女以歸嫁之。」又稱其父「慈恕而剛斷。平居與幼賤語，唯恐有傷其意。至於犯義理，則不假也。」伊川必以其父歸嫁孀婦為合於義理，否則必不於其家傳特提此事也。

表面上程頤自相矛盾。朱子門人亦有如是想。故門人問曰：「取

（娶）甥女歸嫁一段，與前孤孀不可再嫁相反，何也？」朱子答云：
「大綱恁地。但人亦有不能盡者。」「不能盡」云云，可依汪紱解
釋。在當時信仰，其理想為孀婦寧死不再嫁，然此極高標準，非普通
人所能達到。亦如凡人不能說謊，大綱如此，但人亦有不能盡者。然
不害毋說謊之為原則也。[1]

二　朱熹虐母、狎尼、偷媳？

　　所謂朱子虐母、狎尼、偷媳等一眾花邊「醜聞」，總源頭是南宋
慶元黨案時胡紘草就、沈繼祖奏聞的一篇謗文。沈繼祖的奏疏，最早
見於稍後於朱子的南宋人葉紹翁（約1175-1230）之《四朝聞見錄》
丁集〈慶元黨〉。此疏讀之者少，亟應錄其全文，庶可睹其真相：

> 慶元三年丁巳（1192），春二月癸丑，省劄。臣（沈繼祖自
> 稱）竊見朝奉大夫、秘閣修撰、提舉鴻慶宮朱熹，資本回邪，
> 加以忮忍。初事豪俠，務為武斷。自知聖世此術難售，剽張
> 載、程頤之餘論，寓以吃菜事魔之妖術，以簧鼓後進。張浮駕
> 誕，私立品題。收招四方無行義之徒，以益其黨伍。相與餐粗
> 食淡，衣褒帶博。或會徒於廣信鵝湖之寺，或呈身於長沙敬簡
> 之堂。潛形匿影，如鬼如蜮。士大夫之沽名嗜利，覷其為助
> 者，又從而譽之薦之。根株既固，肘腋既成，遂以匹夫竊人主
> 之柄，而用之於私室。飛書走疏，所至響答。小者得利，大者
> 得名。不惟其徒咸遂所欲，而熹亦富貴矣。
> 臣竊謂熹有大罪者六，而他惡又不與焉。人子之於親，當極甘

---

[1] 本節出自陳榮捷：〈孀婦再嫁〉，《朱子新探索》（臺北市：臺灣學生書局，1988年）
（*New Studies: Chu Hsi*, Honolulu: University of Hawaii Press, 1989），第121篇。

旨之奉。熹也不天，惟母存焉。建寧米白，甲於閩中，而熹不以此供其母，乃日糴倉米以食之。其母不堪食，每以語人。嘗赴鄉鄰之招，歸謂熹曰：「彼亦人家也，有此好飯。」聞者憐之。昔茅容殺雞食母，而與客疏飯。今熹欲餐粗釣名，而不恤其母之不堪，無乃太戾乎？熹之不孝其親，大罪一也。

熹於孝宗之朝，屢被召命，慳塞不行。及監司郡守，或有招致，則趣駕以往。說者謂召命不至，蓋將辭小而要大。命駕趣行，蓋圖朝至而夕饋。其鄉有士人連其姓者，貽書痛責之。熹無以對。其後除郎，則又不肯入部供職，託足疾以要君。此見於侍郎林栗之章。熹之不敬於君，大罪二也。

孝宗大行，舉國之論，禮合從葬於會稽。熹乃以私意，倡為異論。首入奏劄，乞召江西、福建草澤，別圖改卜。其意蓋欲藉此以官其素所厚善之妖人蔡元定，附會趙汝愚改卜他處之說。不顧祖宗之典禮，不恤國家之利害。向非陛下聖明，朝論堅決，幾誤大事。熹之不忠於國，大罪三也。

昨者汝愚秉政，謀為不軌。欲藉熹虛名，以招致奸黨。倚腹心羽翼，驟升經筵，躐取次對。熹既用，法從恩例封贈其父母，奏薦其子弟，換易其章服矣。乃忽上章，佯為辭免。豈有以職名而受恩數，而卻辭職名？玩侮朝廷，莫此為甚。此而可忍，孰不可忍？熹之大罪四也。

汝愚既死，朝野交慶。熹乃率其徒百餘人哭之於野。熹雖懷卵翼之私恩，盍顧朝廷之大義？而乃猶為死黨，不畏人言。至和儲用之詩，有「除是人間別有天」之句。人間豈容別有天耶？其言意何止怨望而已？熹之大罪五也。

熹既信妖人蔡元定之邪說，謂建陽縣學風水，有侯王之地。熹欲得之。儲用逢迎其意，以縣學不可為私家之有，於是以護國寺為縣學，以為熹異日可得之地。遂於農月，伐山鑿石，曹牽

伍捜，取捷為路。所過騷動，破壞田畝。運而致之於縣下，方
且移夫子於釋迦之殿。設機造械，用大木巨纜，絞縛聖像，撼
搖通衢闤闠市之內，而手足墮壞，觀者驚歎。邑人以夫子為萬世
仁義禮樂之宗主，忽遭對移之罰，而又重以折肱傷股之患，其
為害於風教大矣。熹之大罪六也。

以至欲報汝愚援引之恩，則為其子崇憲執柯。娶劉珙之女，而
奄有其身後巨萬之財。又誘引尼姑二人以為寵妾，每之官則與
之偕行。謂其能修身，可乎？

冢婦不夫而自孕，諸子盜牛而宰殺。謂其能齊家，可乎？

知南康軍則妄配數人而復與之改正，帥長沙則匿藏敕書而斷徒
刑者甚多，守漳州則搜古書而妄行經界。千里騷動，莫不被
害。為浙東提舉，則多發朝廷賑濟錢糧，盡與其徒，而不及百
姓。謂其能治民，可乎？

又如據范染祖業之山，以廣其居，而反加罪於其身。發掘崇安
弓手父母之墳，以葬其母，而不恤其暴露。謂之恕以及人，可
乎？

男女婚嫁，必擇富民，以利其奩聘之多。開門授徒，必引富室
子弟，以責其束脩之厚。四方饋賂，鼎來踵至。一歲之間，動
以萬計。謂之廉以律己，可乎？

夫廉也，恕也，修身也，齊家也，治民也，皆熹平日竊取《中
庸》、《大學》之說，以欺惑斯世者也。今其言如彼，其行乃如
此，豈不為大奸大憝也耶？昔少正卯言偽而辯，行僻而堅，夫
子相魯七日而誅之。夫子，聖人之不得位者也，猶能亟去之如
是。而況陛下居德政之位，操可殺之勢，而熹有浮於少正卯之
罪，其可不亟誅之乎？臣愚欲望聖慈，特賜睿斷。將朱熹褫職
罷祠，以為欺君罔世之徒、污行盜名者之戒。仍將儲用鑴官，
永不得與親民差遣。其蔡元定乞行下建寧府追送別州編管。庶

幾奸人知懼，王道復明。天下學者，自此以孔孟為師，而憸人
小夫，不敢假託憑藉，橫行於清明之時，誠非小補。

關於此疏，有數點須說明者。一為疏之年月。疏首云「慶元三年
丁巳春二月癸丑」。《四朝聞見錄》有原注云，「蔡本作二年十月」。據
清代王懋竑《朱子年譜》，慶元二年丙辰冬十二月落職罷祠。若沈繼
祖三年二月方奏，則反在落職罷祠之後，而奏內「將朱熹褫職罷祠」
之語為不通矣。朱子〈落職罷祠謝表〉明謂二年十二月，則各《年
譜》是也。二者本疏明數朱子六罪，《宋史》作為十罪。故王懋竑
云：「疏語大罪六，與《宋史》十罪不合，而《續通鑑》漫采入之。
閩本《年譜》，乃據《續通鑑》以改。」所指閩本不知何本。朱子十
六世孫朱玉所編《朱子文集大全類編》第一冊之年譜「褫職罷祠」條
下亦作十罪。此亦閩本。則諸閩本均誤作十罪矣。然《宋史》謂為十
罪，或亦有故。蓋沈疏六罪之外，尚舉不廉、不恕、不修身、不齊
家、不治國之五項惡行，共為十一。《宋史》或只用其十之整數，或
以廉恕合計，總數為十，亦未可知。三者選人余嚞上疏乞斬朱子。王
懋竑《年譜》備註云：「沈繼祖、余嚞兩疏，皆不知所據。竊疑陽明
後人依仿撰造以詆朱子者。近人無識，輕以附諸《年譜》中。愚陋至
此，亦可憐也。」王氏考識極為精詳，惜未見《四朝聞見錄》沈繼祖
疏，而以門戶之見，歸咎王門。不知王門攻擊朱子思想，不遺餘力，
而於其人格，則無任敬仰，斷不至淪為如斯之下流也。

依仿撰造，全在繼祖。

疏謂「會徒於廣信鵝湖之寺」。此指淳熙二年乙未呂東萊安排與
陸象山在江西鵝湖寺之會。即據《象山全集》一面之辭，參加者七人
之中，無一人是朱子之徒。劉子澄亦同調耳。愚又考訂此外尚有三
人，皆象山門下。是以謂象山聚徒則可，謂朱聚徒則不可。

疏謂「除是人間別有天」，乃儲用之詩，而不知此乃朱子〈武夷

棹歌〉十首最後之句，與儲用無涉也。

疏謂「娶劉珙之女，而奄有其身後巨萬之財」。朱子所娶，乃劉
勉之之女而非劉珙之女。劉珙為子羽之子，家素富庶。勉之少富，亦
未嘗以巨萬給其女也。據朱子〈劉勉之墓表〉，其祖仕至尚書郎中，
祖父為朝請郎。即建陽近郊蕭屯別野結草為堂。墓表云：「少時家富
而無子，謀盡以貲產歸女氏。既謝不納，又擇其宗屬之賢者，舉而畀
之。……親舊羈貧，收恤扶助。」由此可知勉之原是富厚，然勉之非
珙也。

疏謂「帥長沙則匿藏赦書，而斷徒刑者甚多」。據《長沙當作》，
所藏於袖者非登極大赦之詔令，而乃趙汝愚丞相私人之簡札。繼祖之
虛造，顯而易見。

疏謂「發掘崇安弓手父母之墳，以葬其母」。朱子葬母在離福建
建陽考亭七八十里之崇泰里後山天湖之陽，名寒泉塢，離崇安甚遠。

疏謂「男女婚嫁，必擇富民」，而婿黃榦貧寒至甚。

疏謂「開門授徒，必引富室子弟」，然據愚統計，則門人四百六
十七人中，只一百三十三人曾有官職，占百分之二十八。富室子弟誠
有之，惟不及全數之半也。

疏謂「四方饋賂……動以萬計」，然朱子取捨極嚴，其貧乏人所
共知。屢次請祠，以求微祿。乾道九年癸巳有旨差管台州崇道觀，聖
旨即曰：「朱熹安貧守道，廉退可嘉。」則政府早已公認朱子之貧矣。

疏謂「絞縛聖像……折肱傷股」，朱子門人潘時舉云：「近日改移
新學，復為僧坊塑像摧毀，要膂斷折，令人痛心。彼聖賢者尤不免遭
此厄會，況如吾輩，何足道哉？」繼祖顛倒是非，顯而易見。

胡紘與沈繼祖之動機，誠如楊道夫所云：「鄉曲射利者，多撰造
事蹟，以投合言者之意。」《宋史紀事本末》〈道學崇黜〉述其經過有
云：「胡紘……為監察御史，乃銳然以擊熹自任。物色無所得，經年
醞釀，章疏乃成。會改太常少卿，不果。……紘以疏草授之繼祖，謂

可立至富貴。」此疏動機如此,而虛構又如彼,故歷來談落職罷祠者,均不採用,棄如敝履。但近年大陸學者首次引用。雖對疏中所稱,謂為穿鑿附會,言過其實,然引朱子〈落秘閣修撰依前官謝表〉,謂其承認「私故人之財,而納其尼女」。朱子果然認罪耶?此則不可不考。

〈謝表〉云:「謂其習魔外之妖言,履市廛之污行。有母而嘗小人之食,可驗恩衰。為臣而畜不事之心,足明禮闕。以至私故人之財,而納其尼女。規學官之地,而改為僧坊。諒皆考核以非誣,政使竄投而奚憾。不虞恩貸,乃誤保全。第令少避於清班,尚許仍居於散秩。」大陸學者忽略「謂其」二字,以為朱子自認其罪。實則「謂其」乃述疏中大意,非認罪也。下文即言其目的在於詆誣,欲投諸死地。而朝廷乃保全其性命,詔以依舊修撰清平之職,其非認罪也明矣。查慶元二年丙辰十月繼祖上疏,十二月落職罷祠。三年丁巳正月拜命,並上〈落職罷宮祠謝表〉。在此表中,對於「大譴大訶之目,已皆不忠不孝之科」,初乃「初罔聞知」,繼而「甫深疑懼」。某月某日之後,又准告命一道,著了落秘閣修撰依前官,故有〈落秘閣修撰依前官謝表〉也。謝表未嘗為事實上之辯護,蓋事實昭然,無辯白之必要也。[2]

三 朱熹圖謀「變天」?

朱熹是哲學家,也是詩人,其著名的組詩〈武夷棹歌〉(或名〈九曲棹(櫂)歌〉),因一句「除是人間別有天」,差點惹下大禍。

朱熹一生,大部分時間生活在福建崇安縣(今武夷山市),那裡

2　本節出自陳榮捷:〈沈繼祖誣朱子六罪〉,《朱子新探索》(臺北市:臺灣學生書局,1988年)(*New Studies: Chu Hsi*, Honolulu: University of Hawaii Press, 1989),第117篇。

的九曲溪一溪貫群峰，風光十分秀麗。淳熙十年（1183），朱熹在第
五曲修了一座別墅，稱為武夷精舍，是收徒講學的地方。第二年，朱
熹在精舍閒居時，曾和朋友們乘著小船，遊山玩水，頗得其樂，高興
之餘，寫了十首〈棹歌〉。棹歌者，船歌也。其中第十首寫到第九曲：

> 九曲將窮眼豁然，桑麻雨露見平川。
> 漁郎更覓桃源路，除是人間別有天。

武夷山有四十九峰、八十七岩、九曲溪、桃源洞、流香洞、臥龍潭、
虎嘯岩等名勝。〈武夷棹歌〉第一首總寫，第二首以下分寫各曲。十
首詩除了略有滄海桑田之歎外，主要寫自然景色，可以說毫無政治內
容。朱熹意想不到的是，十年之後，這首詩卻成了他夢想「變天」的
證據。

　　在對道學的態度上，南宋朝廷有道學與反道學之爭。紹熙五年
（1194），支持道學的宰相趙汝愚被免去相位，趕出朝廷，發遣邊
地，最後病死衡州。在此同時，受到趙汝愚支持的朱熹也受到激烈攻
擊。御史沈繼祖上疏，指責朱熹「不孝其親」、「不敬於君」、「不忠於
國」、「玩侮朝廷」、「哭弔汝愚」、「為害風教」等六大罪。〈武夷棹
歌〉的詩句被拿來當證據。沈繼祖編排道：當趙汝愚病死衡州，朝野
交慶的時候，朱熹卻以「死黨」身分，帶著百餘名門徒在野外號哭，
並且在詩中寫道，「除是人間別有天！」

　　在古代，「天」是皇帝的象徵。「除是人間別有天」，不是夢想
「變天」是什麼？所以沈繼祖屬詞問道：「人間豈容別有天耶？其言
意何止怨望而已！」按照他的這種邏輯定罪，將朱熹充軍、監禁，以
至殺頭都是可以的。然而，正如讀者已經知道的，此詩寫於十年前，
是一首風景詩。「別有天」者，別有洞天，別有境界，別有天地之
意，是寫自然界的景色變換的，和趙汝愚案根本無關。

為了證明朱熹有「變天」的企圖，沈繼祖還揭發說：

> 剽張載、程頤之餘論，寓以吃菜事魔之妖術，以簧鼓後進。張浮駕誕，私立品題。收招四方無行義之徒，以益其黨伍。相與餐粗食淡，衣褒帶博。或會徒於廣信鵝湖之寺，或呈身於長沙敬簡之堂。潛形匿影，如鬼如蜮。士大夫之沽名嗜利，覬其為助者，又從而譽之薦之。根株既固，肘腋既成，遂以匹夫竊人主之柄，而用之於私室。飛書走疏，所至響答。

朱熹及其門徒們飲食簡單，「餐粗食淡」，這是事實，但是沈繼祖卻和「吃菜事魔之妖術」聯繫起來，問題可就嚴重了。宋代民間有摩尼教，那是被認為「吃菜事魔」的，有一支後來發展為有名的「方臘起義」。沈繼祖這麼寫，朱熹豈不成了方臘第二了嗎？

沈繼祖說朱熹「或會徒於廣信鵝湖之寺，或呈身於長沙敬簡之堂」，也是事實。但是，一次是和陸九淵見面，一次是和張栻見面，所討論的都是道學中的理論問題，用今天的話來說，都是學術問題，並未議論時政。然而，在沈繼祖的筆下，那是「黑幫」和「黑幫」之間的「黑會」。「潛行匿影，如鬼如蜮」，不是「黑幫」、「黑會」是什麼！

沈繼祖深文周納，目的是在政治上將朱熹打倒，使他「永世不得翻身」，但是，沈繼祖覺得還不夠，於是在疏文中繼續提出朱熹的其他罪名，如：收取高額學費、巧計奪朋友之財、接受賄賂等。其中有一條雖不算大問題，卻使朱熹渾身臭烘烘的罪名是：誘引尼姑二人做小老婆，出去做官時公然隨身帶著，云云。

「文革」中有「批倒批臭」一語，意思是不僅要在政治上將人打倒，而且要在思想、道德、生活等方面將人批臭，於是，無中生有、無限上綱、武斷事實、牽強附會、任意解釋、羅織入罪等手段一一使出，無所不用其極。一般人以為「批倒批臭」是「文革」的「新事物」，史

無前例，其實古已有之。其例證之一就是上述朱老夫子的遭遇。[3]

四　朱熹六劾唐仲友只是秀才爭閒氣？

　　南宋淳熙八年（1181），浙中發生特大水旱災，臨安朝廷看中朱熹守南康軍時修舉荒政的能力，任命他為提舉浙東茶鹽公事，調入浙中賑荒。十二月，朱熹正式上任。次年（1182）一二月間，他第一次巡歷災區，以「民被實惠」為目的，多管齊下，奏劾衢州守李嶧、龍遊縣丞孫牧、金華大戶朱熙績等不勤荒政、不恤民隱，卻因他們朝中靠山的包庇，無一成功。七月展開第二次巡歷，在腐敗的官僚系統面前，朱熹依舊阻礙重重。二十三日，他到達台州，從而遇到了宰相王淮庇翼下的知州唐仲友逍遙橫行的貪污王國。

　　唐仲友鼓吹經制之學，頗有才名，是浙東學派的同調。出於賑荒的使命，朱熹決心向這位才子兼貪官開刀。他連上六狀，彈劾唐仲友殘民、貪污、結黨、淫惡。關於淫惡，唐氏父子四人用偷偷落籍的辦法，把天臺營妓占為己有，縱容她們干預地方政務，餽贈官錢官物給得寵的嚴蕊、沈芳、王靜、沈玉、張嬋、朱妙。這些色妓攀附權門，為虎作倀，殘害小民。

　　朱熹奏劾唐仲友，本是因為唐仲友災荒中依舊催逼百姓的租稅以及其他不公不法之事，這一最簡單不過的事實，僅僅因為牽涉到一名據說是色藝雙絕、學貫古今而與唐仲友淫濫的營妓嚴蕊，一切便都顛倒過來，朱熹變成了一個手揮皮鞭痛撻冤妓發洩私憤的酷吏，而唐仲友反倒成了一個有愛國愛民之心、用營妓肉體上的淫濫表示對被壓迫婦女深厚同情的進步人士。經過無聊文人的虛構和渲染，唐仲友、嚴蕊穢不可聞的淫濫被美化為才子佳人遭受道學迫害的悲歡離合的哀豔

3　本節出自楊天石：〈朱熹的「變天」詩〉，《光明日報》1998年8月6日。

故事。千年文化傳統下的文人心態之一，就是對才子狎妓和佳人賣笑的豔事饞涎欲滴，一聽到「滅人欲」便惶惶不可終日。人們寧可對貪虐殘民的唐仲友和攀附權門的色妓嚴蕊大灑同情之淚，卻對因他們而流離逃亡的成千上萬災民冷漠無情，而替災民抗爭說話的朱熹反成了面目猙獰的道學凶神惡煞。現代的一些對朱熹並無多少研究的學者更把這場鬥爭說成是無謂的「意氣用事」，為唐仲友做翻案文章。殊不知真正人性未泯的是朱熹，而不是唐仲友和嚴蕊。

朱熹所以要劾唐仲友，謠傳中有四種說法。第一種是認為唐仲友與呂祖謙在學術上不合，結下怨仇，朱熹右袒呂祖謙，所以奏劾唐仲友。周密《齊東野語》卷十七〈朱唐交奏本末〉以「或云」口吻記此事。呂唐不和是事實，但是說朱熹因同呂祖謙相好便六劾唐仲友，沒有任何依據。朱熹劾疏所及，無一同呂唐糾葛相干，所以就連最善掇拾齊東野語的周密都不信。

第二種說法是認為唐仲友與陳亮不和，唐仲友嘲笑陳亮學問粗疏，兩人爭奪色妓，陳亮情場敗北，向朱熹進讒言，朱熹便六劾唐仲友。《齊東野語》記載：

> 唐平時恃才輕晦庵，而陳同父頗為朱所近，與唐每不相下。同父游台，嘗狎籍妓，囑唐為脫籍，許之。偶郡集，唐語妓云：「汝果欲從陳官人邪？」妓謝，唐云：「汝須能忍饑受凍乃可。」妓聞，大恚。自是陳至妓家，無復前之奉承矣。陳知為唐所賣，亟往見朱。朱問：「近日小唐云何？」答曰：「唐謂公尚不識字，如何作監司？」朱銜之，遂以部內有冤獄，乞再按巡。既至台，適唐出迎少稽，朱益以陳言為信，立索郡印，付以次官，乃摭唐罪具奏，而唐亦作奏馳上。時唐鄉相王淮當軸，既進呈，上問王，王奏：「此秀才爭閒氣也。」遂兩平其事。

這裡存在明顯的錯誤。朱熹七月二十三日才到台州，但他七月十九日及二十三日當日便已上了劾唐仲友兩狀，所謂因唐仲友「出迎少稽」，朱熹才「摭唐罪具奏」的說法破綻百出。與周密說法不同但更具體的是《林下偶談》卷三〈晦翁按唐與正〉：

> 金華唐仲友……居與陳同甫為鄰。同甫雖工文，而以強辨俠氣自負，度數非其所長，唐意輕之，而忌其名盛。一日，為太學公試官，故出《禮記》度數題以困之，同甫技窮見黜。既揭榜，唐取同甫卷示諸考官，咸笑其空疏。同甫深恨。唐知台州，大修學，又修貢院，建中津橋，政頗有聲，而私於官妓，其子又頗通賄賂。同甫訪唐於台州，知其事，具以告晦翁。時高炳如為台州倅，才不如唐，唐亦頗輕之。晦翁至，既先索州印，逮吏旁午，或至夜半未已，州人頗駭。唐與時相王季海為鄉人，先密申朝嫌省避晦翁按章。及後季海為改唐江西憲，而晦翁力請去職。蓋唐雖有才，然任數要非端士。或謂晦翁至州，竟按去之足矣，何必如是張惶乎？同甫之至台州，士子奔湊求見。黃岩謝希孟與同甫有故，先一日與樓大防諸公飲中山上以待之，賦詩有云：「須臾細雨夾簾說，說盡尊拳並毒拳。」語已可怪。既而同甫至，希孟借郡中伎樂燕之東湖，同甫在座與官妓語，酒至不即飲，希孟怒，詰責之，遂相詈擊，妓樂皆驚散。明日，有輕薄子為謔詞，末云：「何時一樽酒，重與細論文。」一州傳以為笑。

《林下偶談》的作者吳子良為台州臨海人，是永嘉水心葉適的弟子，又距朱熹劾唐仲友時間最近，他所記載的事實也最可信。陳亮未脫舊時士大夫狎妓放浪的惡習，淳熙五年因科舉下第落魄失意，他就曾狎妓尋樂，醉中同一名癡呆的富家子盧氏戲作君臣禮，釀成一場大禍。

所以陳亮往台州狎妓不足為奇。唐仲友確實在乾道七年任過太學公試官，而陳亮這一年也正在太學，兩人最初的結怨就在這時。淳熙九年高文虎任台州倅，有朱熹的劾唐仲友狀為證。這一年夏樓鑰也確實來紹興謁見朱熹，以後往返婺、台間，丁憂歸四明。這些都同《林下偶談》所記的這些士大夫們的文人相親、狎妓作樂、醉中相詈相合。但是這些事實充其量也只能證明他們曾企圖從自己方面去影響朱熹，不能證明朱熹在劾唐仲友中接受了他們的請託，更不能證明朱熹劾唐仲友主要不是因為唐仲友的災荒逼稅、貪盜殘民、植黨淫惡，而倒是出於陳亮等人的進讒。

第三種說法是認為高文虎挑撥離間，乘機進讒言，朱熹受他迷惑而劾唐仲友。《林下偶談》提到了高文虎，《金華徵獻略》便無根據地發揮說唐仲友「政聲燁然，為同官高文虎所忌，讒於提舉刑獄朱熹，劾罷。」這一說法因後來高文虎轉投反道學、一無操守而廣為流傳。事實上朱熹奏劾唐仲友的材料大量是得自當事人的親口招供與檢舉，還有手信、簿記等實證，只有極少部分是由台州通判趙善倧和高文虎共同提供，何況朱熹在到達台州，認識高文虎之前，已經上了劾唐仲友兩狀。高文虎後在慶元黨禁中以反道學的幹將投靠韓侂冑，但他在台州向朱熹提供的一些材料卻不是誣告捏造，朱熹更不是只根據他的一些材料判案奏劾。其實真正大力協助朱熹搜集材料和判案的不是高文虎，而是紹興府通判吳津、提舉常平司幹辦共事吳洪兄弟，他們也因此成了反道學王淮黨攻擊的主要目標之一。

第四種說法是認為唐仲友主蘇學，朱熹主程學，所以奏劾唐仲友。《四朝聞見錄》乙集〈洛學〉記載說：

> 淳熙間，考亭以行部劾台守唐氏，上將置唐於理。王（淮）與唐為姻，乃以唐自辯疏與考亭章俱取旨，未知孰是。王但微笑，上固問之，乃以朱程學、唐蘇學為對，上笑而緩唐罪。時

上方崇屬蘇氏，未遑表彰程氏也，故王探上意以為解。

趙眘因好釋老的成佛求仙而獨崇蘇學，又因恨道學清議的正心誠意而貶抑程學，奸詐的王淮以朱程學、唐蘇學回答趙眘，正包藏著投其所好、媚欺君上以解救唐仲友的禍心，明眼人一看便知。朱熹奏劾唐仲友同主蘇學、程學了不相涉，何況事實上唐仲友並不主蘇學，而朱熹的道學性格還不至卑劣到因自己反對蘇學而對某個人發洩私憤。朱熹雖然批判蘇學，但對蘇軾的《尚書》學、《詩》學、四書學以及詩文等都有極高的評價，他彷彿已預感到有人會在這個問題上打擊誣陷他似的，一到浙東提舉任上就先把蘇軾的〈與林子中帖〉刻石於紹興常平司西齋，警飭官吏，並且在給趙眘的〈奏救荒畫一事件狀〉中說此帖「其言深切，可以為後來之高抬貴手」，要趙眘「詔大臣常體此意」。僅這一點就足以戳穿王淮把朱唐交奏說成是秀才爭閒氣的險惡用心了。

朱熹奏劾唐仲友，引來反對他的王淮之流動用一切力量來保護唐仲友。朱熹三次上劾唐仲友奏狀都被王淮扣下不報。王淮黨羽紛紛薦舉唐仲友，以對抗朱熹的奏劾。他們主要有吏部尚書鄭丙──唐仲友志同道合的密友，後來王淮正是用他敲響了大反道學的開場鑼鼓。還有侍御史張大今，朱熹所奏劾懲處的人中有他的子弟親戚（疑即張大聲）。另外還有右正言蔣繼周、給事中王信之流。朱熹等待了十多天毫無動靜，八月八日又上了劾唐仲友第四狀，開首就指出朝中大臣的包庇阻梗，說：「臣竊見仲友本貫婺州，近為侍御史論薦，又其交黨有是近臣親屬者，致臣三奏，跨涉兩旬，未奉進止。」第四狀是奏劾唐仲友的高峰，但仍同第二狀一樣，是提供大量新的事實進一步揭露唐仲友催逼稅租、貪虐殘民、植黨淫惡的罪狀。為消滅貪污罪跡，唐仲友已將台州公庫簿歷全部藏匿銷毀，但朱熹卻查到了部分草簿，其中筆筆記載唐仲友在淳熙八年二月到九年四月共偷盜近三萬貫，不少

都是支給姻黨。盜庫錢已不能滿足他的無底欲求，竟把偽造官會（鑫
惢按，即國家紙幣）的罪犯蔣輝藏匿在家，脅迫他為自己雕造假官
會。連分發給兵士的冬衣，唐仲友也要先把上好的夏稅綿絹運回老家
的彩帛鋪，換成粗綿紕絹做軍衣，士兵無不怨聲載道。其他科罰虐
民、促限催稅、不恤饑民、狎妓淫濫、營妓受賄作惡、姻黨橫行霸
道、盜用官錢、濫刑枉法等等，無奇不有。按法，唐仲友罪贓應死已
經是無可懷疑的了。朱熹的第三、四狀猛烈震動了朝廷上下，朱唐交
奏的事遠近飛傳，到這時王淮才感到紙包不住火了，但狡猾老練的他
依舊壓下了筆筆條陳唐仲友累累罪行、言之鑿鑿的第二、三、四狀，
只把寥寥二三百字的第一狀同唐仲友的自辯狀一起送給趙昚看，造成
「唐蘇學、朱程學」、「秀才爭閒氣」的假象，使唐仲友免於一死。同
時放出空氣，說要另委派浙西提刑來專究此案，催促朱熹起離台州，
這實際上是要束縛住朱熹的手腳，不准他再查辦唐仲友一案。所以嚴
格說，朱熹在上了第四狀後，已經無權再過問這一要案了，他先後被
准處理這一要案的時間還不到二十天。本已絕望的唐仲友搶先從王淮
那裡得到內部消息，重又驕橫不可一世，竟派吏卒突入州司理院大打
出手，甚至無恥地抬出宰相王淮之妹王氏來壓人，說朱熹「搜捉轎
擔，驚怖弟婦王氏，心疾甚危」。朱熹橫流獨抗，偏在八月十日又上
了劾唐仲友第五狀，指出唐仲友的氣焰囂張是「有人陰為主張，摘語
消息」，揭露了從宰相、侍從、台諫到台州的「台省要官子弟親戚」
的上下竄通勾結，逕直提出要麼將唐仲友「早賜罷黜，付之典獄，根
勘行遣，以謝台州之民」，要麼「議臣之罪，重置典憲，以謝仲友之
黨，臣不勝幸甚」。九月十三日是朝廷大享明堂的日子，要大赦天
下，推恩子弟，朱熹在八月十四日再上了一道〈乞罷黜狀〉，尖銳地
指出所謂「另差浙西提刑來體究」是一個陰謀，真意在於「只是欲與
拖延旬月，等候赦恩，且令奏薦子弟，然後迤邐從輕收殺」。

　　然而朱熹還是把王淮之流的陰險奸刁估計得過低了，王淮早已為

唐仲友營造好了狡兔三窟。他先在八月十四日通過朝廷正式宣布唐仲友一案由浙西提刑體究，命令朱熹離台州前往巡歷，接著在十七日又罷免唐仲友江西提刑的新任，次日改除朱熹為江西提刑，徹底斬斷了他同浙東台州案子的關係，同時也給不明真相的世人造成一種朱熹劾唐仲友是為了奪取他的江西提刑新任的假象。

任免江西提刑的朝命一時還沒傳到在台州的朱熹那裡，他仍被蒙在鼓裡，半信半疑地期待浙西提刑來公正審案，他便根據檢正左右司所申在八月十八日離台州，繼續巡歷，還不知道正是這一天他已被剝奪了巡歷的權力。八月二十二日他巡歷至處州縉雲縣境，又上了一道〈又乞罷黜狀〉，八月底到處州，根據當地現狀接連上了〈奏鹽酒課及差役利害狀〉、〈奏義役利害狀〉、〈論差役利害狀〉，儼然還自以為是「欽定」的浙東提舉。直到九月四日巡歷到處州遂昌縣，才風聞自己已被剝奪浙東提舉半個多月了。恰好這天朝命下到，說他賑荒勞苦功高，「進職二等」，除直徽猷閣。這是一塊多麼及時的堵嘴巴的糖，如果朱熹真是嗜利好名之徒，他就會接受這清貴的顯職，從此緘默不語。然而王淮對朱熹用儒家文化精神鑄造出來的倔傲的道學性格又估計太低了，朱熹不僅當即上了一道辭免進職狀，而且搶在改除江西提刑朝命正式下達以前上了劾唐仲友第六狀，集中揭露唐仲友的貪污偷盜和偽造官會兩大罪行。

然而第六狀也不過是一張廢紙，唐仲友的罪惡再大，趙眘和王淮都保定了，朱熹只有用棄官歸隱表示最後的抗議。九月十二日他巡歷到衢州常山縣境時，改除江西提刑的朝命也正好到達，是填現闕的美差，不必入都奏事，直接赴任。朱熹從常山赴江西只是舉步之勞，他卻當日上了辭狀，認為「填唐仲友闕，蹊田奪牛之誚，雖三尺童子，亦皆知其不可」，乞請罷免或奉祠，就在這一天他飄然南歸了。這正是趙眘和王淮所求之不得的，就在朱熹兩腳一跨出浙東，他們便宣布不須差浙西提刑「體究」，蔣輝等一干犯人全部無罪釋放了。風流貪

官唐仲友勝出，同黨們為他設宴慶祝，席上叫出一名嬌豔的寵姬宛轉玉喉歌一曲〈大聖樂〉。

朱熹在浙東提舉任上的大半年時間，其賑災救荒是部分成功了，救活了一路災民；但奏劾唐仲友是失敗的，借著姻黨及僚黨的庇護，罪大惡極的唐仲友毫髮無損。朱熹雖然失敗，卻為公論所同情。陸九淵在給陳倅的信中說：「朱元晦在浙東，大節殊偉，劾唐仲友一事，尤快眾人之心。百姓甚惜其去，雖士大夫議論中間不免紛紜，今其是非已漸明白。」小民百姓的公論正如陳亮所說的：「物論皆以為凡平時鄉曲之冤一皆報盡。」朱熹為政向來以敢於得罪巨室為信條，所以台州小民百姓是把朱熹當作解民倒懸的「清官」來歡迎的，他在奏劾唐仲友中表現出的道學硬骨也不在民間傳說的「包青天」之下。然而朱熹終究不是「救主」，他這種影響也只如死水表面的漣漪轉瞬即逝，留下的卻是另一種影響──以他奏劾唐仲友為導火線並由左相王淮一手導演的大反道學的興起，直到十三年後一個叫洪邁的王淮黨羽和文學弄臣在黨禁中荒誕虛構了一個嚴蕊作〈卜算子〉訴冤情的風流豔案，給朱熹臉上抹上了小丑的油彩。[4]

五　朱熹拷打才妓嚴蕊？

淳熙九年（1182）朱熹在浙東提舉任上彈劾貪官唐仲友，事涉台州營妓嚴蕊，後來岳霖判案，嚴蕊作〈卜算子〉陳述，遂判從良。這一才妓豔事流傳了近千年，可以說是家喻戶曉。嚴蕊因這一首〈卜算子〉而被作為著名女詞人載入詞史，這首〈卜算子〉也就一直被選入古今各種詞話、詞選等著作中，流傳在大學講臺和文學史上，直到今

4　本節出自束景南：〈浙東提舉──道學人格的風采〉，《朱子大傳》（福州市：福建教育出版社，1992年），第十二章。

天，嚴蕊作詞的豔事還被編成各種戲劇、電視劇、小說廣加傳播（鑫蕊按，黃梅戲電視劇《朱熹與麗娘》，獲一九八八年「飛天獎」戲曲片二等獎，片中麗娘被虛構為嚴蕊之女）。其實，〈卜算子〉並非嚴蕊所作，岳霖判案、才妓作詞云云，純屬子虛烏有。

　　按：這一才妓豔聞最早的製造者是洪邁。慶元二年（1196）黨禁之時，洪邁在四十天中快速編輯而成的《夷堅支庚》中記載了如下一則道聽塗說：

> 台州官妓嚴蕊，尤有才思，而通書究達古今，唐與正為守，頗矚目。朱元晦提舉浙東，按部發其事，捕蕊下獄。杖其背，猶以為伍佰行杖輕，復押至會稽，再論決。蕊墮酷刑，而系樂籍如故。岳商卿霖提點刑獄，因疏決至台，蕊陳狀乞自便。岳令作詞，應聲口占云：「不是愛風塵，似被前身誤。花開花落自有時，總是東君主。去也終須去，住也如何住？若得山花插滿頭，莫問奴歸處。」岳判從良。

稍後周密又以生花妙筆加以無根據的渲染，竟說「繫獄月餘，蕊雖備受箠楚，而一語不及唐」、「獄吏因好言誘之曰：『汝何不早認……』蕊答云：『身為賤妓，縱是與太守有濫，科亦不至死罪。然是非真偽，豈可妄言以誣士大夫？雖死不可誣也』」、「兩月之間，一再受杖，委頓幾死」等。以後《青詞蓮花記》、《林下詞選》、《彤管遺編》、《詩女史》、《古今女史》、《詞苑叢談》等所記，無不本自洪、周，今人詞學著作（如唐圭璋《宋詞紀事》）對此均信而無疑。實際洪、周所記幾乎無一屬實。朱熹在台州一共不過二十五天，他在七月二十三日到台州，最初受審押往會稽的是偽造官會子的要犯蔣輝一干人等。嚴蕊則早被唐仲友落籍，偷偷送歸黃岩親戚處隱居，在八月上旬才由黃岩追到嚴蕊，由本州通判趙善伋負責問供，一問即招，朱熹

劾狀就根據嚴蕊等人口供事實寫成，又何來「一語不及唐」、「雖死不可誣也」之事？八月十日朱熹在按唐仲友第五狀中說：

> 此數日來，（唐）忽復舒肆，追呼工匠，言語譸張，至以弟子嚴蕊繫獄之故，口懷忿切，公使吏卒突入司理院門，拖曳推司，亂行捶打，其狂悖無忌之氣，悻然不衰。及至本州結錄引斷蕊等罪案，仲友又遣客將張惠傳語通判趙善伋曰：「已得指揮，差浙西提刑前來體究，未可引斷。」

可見嚴蕊因同偽造官會子的蔣輝罪狀不同，一直繫獄本州，並未押送紹興府。八月十日以後，反道學的宰相王淮（與唐仲友為姻親）之流想出另派浙西提刑來究辦此案的方法，阻撓朱熹繼續審理一應在押犯人，保護唐仲友。所以朱熹在八月十日以後已奉命無權再插手過問此案，只好在八月十八日離台州。蔣輝、嚴蕊等人在獄中實際受到保護，無人過問，安然無事，到十一月初便以無罪全部釋放（朱熹《文集》卷二二〈辭免進職奏狀二〉），又哪裡有「兩月之間，一再受杖，委頓幾死」和岳霖決獄判良之事？這種憲官才妓打情罵俏的決獄也只有像洪邁這樣的無聊文人才想像得出。朱熹在劾唐仲友第四狀中分明說：

> 今年二月二十六日，宴會夜深，仲友因與嚴蕊踰濫，欲行落籍，遣歸婺州永康縣親戚家，說與嚴蕊：「如在彼處不好，卻來投奔我。」至五月十六日筵會，仲友親戚高宣教撰曲一首，名〈卜算子〉，後一段云：「去又如何去，住又如何住？但得山花插滿頭，莫問奴歸處。」五月十七日，仲友賀轉官，燕會用弟子祇應，仲友復與嚴蕊踰濫，仲友令嚴蕊逐便且歸黃岩住下來，投奔我，遂得放令逐便……至二十三日，行首嚴蕊落籍。

這些都是得自嚴蕊等人的親口招供。既說是後一段，當然還有上段，必就是流傳至今的這首膾炙人口的〈卜算子〉了。嚴蕊的落籍往婺州，朱熹在劾唐的第三狀中也有敘及：

> 行首嚴蕊稍以色稱，仲友與之媟狎，雖在公筵，全無顧忌。公
> 然與之落籍，與表弟高宣教以公庫轎乘錢物津發歸婺州別宅。
> 嚴蕊臨行時，係是仲友祖母私忌，乃假卻在宅堂令公庫安排
> 宴會餞送。

可見〈卜算子〉的真正作者是唐仲友的表弟「高宣教」，是他在五月十六日用公庫送嚴蕊往婺州永康的宴會上作的。這個高宣教本是一名乘轎出入娼家的放浪子弟，專為唐仲友交通關節、受財納賄的心腹爪牙，朱熹在劾狀中一再提到他的穢行醜聞。這首〈卜算子〉，是他效法柳屯田的才筆為娼家子弟代訴豔情，此意本來十分明白；唐仲友雖答應給嚴蕊落籍，但卻只是讓她住到婺州永康縣親戚家，說什麼「如在彼處不好，卻來投奔我」，這使嚴蕊大失所望，連高宣教都感到了唐對她的虛情玩弄，嚴蕊處在欲留不得、欲去不甘的矛盾處境，故詞中道出了她臨行「去又如何去，住又如何住」的哀怨之情，又哪裡是什麼岳霖復案、嚴蕊作詞自述呢？

遍考岳霖仕續，根本沒有在這時接任浙東提刑的事，《寶慶續會稽志》卷三先後相接地詳列有從乾道到慶元任浙東提刑的人名和罷除時間，都沒有岳霖，其中淳熙八年到十年的浙東提刑是：

> 傅琪，淳熙八年九月以朝請大夫到任，淳熙九年九月改浙西提
> 刑。
> 張詔，淳熙九年十一月以武經大夫到任，淳熙十年五月改江東
> 提刑。

蔣輝、嚴蕊一干人等的無罪釋放在十一月初，可見應是剛接任提刑的張詔經辦，但也不過是恭奉王淮成命履行公事而已，並不是對色妓動了惻隱之心私判從良，更不會發生堂堂提刑下聽才妓吟豔詞、訴豔情的決獄了。岳霖是岳飛之子，岳珂之父，恰同朱熹、張栻一班理學家關係至密，信奉理學（道學）。淳熙四年他在欽州任上整頓州學，就曾特請張栻作《欽州學記》。岳霖有一女嫁陳俊卿孫陳址，而陳址和陳俊卿其他的兒子、孫子都是朱熹的弟子，朱熹每過莆田，都館於陳家講學。故朱熹與岳霖早相知，淳熙十四年岳霖任湖南轉運使，曾致書朱熹通問，朱熹在答書中還附一紙向岳霖了解當年岳飛建儲議的情況。朱熹後來約陳傅良擬上奏劄乞褒錄首建儲議的婁寅亮、岳飛等人，有關岳飛的材料就問過岳霖，岳珂還將朱熹這篇擬劄收進了《金佗稡編》。僅此王淮也斷不可能選中岳霖這樣崇仰道學、與朱熹有私交的人來接任浙東憲審理台州案子了。

　　慶元二年洪邁編《夷堅支庚》，正是道學黨禁大起之時，反道學當權派以文字殺人，有關朱熹的謗文讒書、流言罪名多如蝟毛，編織誣造道學醜聞穢行在社會上十分風靡，不少便為反道學的采風者們信手拈得。洪邁說這則嚴蕊冤案的道聽塗說是得自「景裴」，「景裴」就是洪景裴，是洪邁（景盧）的兄弟，這一故事的收集編造正是洪邁兄弟反道學的共同傑作，其真實目的在於為王淮黨翻案、替唐仲友洗冤和打擊當時已遭禁的朱熹道學一派。原來洪邁早就因主和而為道學清議所不齒，同朱熹不和。洪邁與投降派宰相湯思退為同年，早年就是出入於湯思退門下的舊客。紹興三十二年使金求和，因貪生怕死大辱國命而歸，他有好搖頭的毛病，太學諸生作了一首〈南鄉子〉諷刺他說：「洪邁被拘留，垂哀告彼酋：七日忍饑猶不耐，堪羞，蘇武曾經十九秋。厥父既無謀，厥子安能解國憂？萬里歸來誇舌辨，村牛，好擺頭時不擺頭！」洪邁罷官，朱熹曾致書魏掞之興奮地說：「近日逐去洪邁，稍快公論。」以後朱熹不斷揭露過洪邁主和反戰，勾結曾

覿、龍大淵近習小人等的嘴臉，同楊萬里一起斥其為「奸險讒佞」的
「佞臣」。到淳熙九年王淮因朱熹彈劾唐仲友開始大反道學，洪邁作
為一名得力的王淮黨人反道學尤力。王淮黨專好以摭拾詩句、製造偽
圖等手法以文字罪排擊朱熹和其他一些理學家，他利用自己監修國史
和洪邁主修國史的機會，竄改國史之文打擊道學。洪邁本好以私嫌報
復人，僅因在用詔紙的小事上同李燾發生爭執，後來由他續修《四朝
國史》時，竟把李燾所原修的《四朝國史》筆削得幾無完篇。為了打
擊道學，他又把其中《周敦頤傳》所引〈太極圖說〉的首句「無極而
太極」竄改為「自無極而為太極」，釀成了理學史上的一樁大公案。
朱熹一再著文面責，要他拿出版本依據，一直追問到慶元黨禁前夕，
洪邁都拿不出版本依據，實際早在尋機會報復。所以一到黨禁大起，
洪邁便活躍起來，這則嚴蕊作詞的風流故事表面上是寫嚴蕊的豔才，
而矛頭卻針對道學黨魁朱熹的真實用心是一目了然的。

　　夷堅怪說、《齊東野語》本來不能作為信史，需要甄別辨偽。對
朱熹等理學家的功過得失自然應當作出實事求是的評價，像今人為了
批判理學（道學）而把狎妓成癖、恃權玩弄女性、貪污劣跡昭著的贓
官唐仲友美化成為多情愛國的俊傑，以擁妓淫濫為同情婦女，視賣笑
權門為女性反抗，作為小說、戲劇和電視劇也許會引動人們對才妓的
綿綿情思，但對詞史、文學史和人們的正常認識卻只能造成混亂，不
能不把史實考辨清楚。[5]

六　朱熹教婦女出門要遮頭面？

　　清代在閩南的泉州、漳州兩府與粵東的潮州地區，婦女出門普遍
蓋頭巾——一種被文人稱為「文公兜（斗）」或「文公帕」的奇特服

---

[5]　本節出自束景葸（束景南）：〈《卜算子》非嚴蕊作考〉，《文學遺產》（雙月刊）1988
　　年第2期。

飾。對文公帕的起源，今人有過三種不同的解釋：1.文公帕的文公是指韓愈（韓文公）而非朱熹（朱文公）；2.與1相反，以文公為朱熹；3.伊斯蘭文化的滲透。它們均有可商榷之處，筆者這裡試圖從歷史文獻學、人類學、民俗學等多角度來解釋這一有趣的文化事象。

（一）清代人眼中的文公帕（兜）

過去廣泛流行於民間的潮州歌冊及歌謠，真切地留下本地婦女曾流行烏巾蓋頭的事實。這種用黑色頭巾蒙頭面的婦女服飾，在文人筆記及官修方志中，被正名為「文公帕」。清嘉慶、道光年間，江浙人梁紹壬有筆記記載：「廣東潮州婦女出行，則以皂布丈餘蒙頭，自首以下，雙垂至膝，時或兩手翕張其布以視人，狀甚可怖，名曰文公帕，昌黎（韓愈）遺制也。」同一時期的地方志載：「《禮》曰：『女子出門必擁蔽其面』，我潮風俗之厚，婦人步行必蓋絲巾，俗謂之『文公帕』。」民國《潮州志》談此習俗「清末潮陽尚盛行，今五十以上老婦裝束，間且或見之」。

筆者同時注意到，與潮州為鄰的福建漳州、泉州兩地，舊時婦女出門也用頭巾兜面，與潮州稍不同者，則是朱熹禮教下的「文公兜」之說。

> 宋朱子主簿同安及守漳時，見婦女街中露面往來，示令出門須用花巾兜面，民遵公訓，名曰公兜……一展一兜，防杜之意深矣。（道光《重纂福建通志》）
>
> 昔朱子守漳時，教婦人用公兜，出門蒙花帕蓋首，俗曰「網巾兜」，外服寬袖藍襖。島中尚仍其俗。（道光《廈門志》）
>
> 漳州女人以帛如風帽蔽其額，曰文公兜。（道光徐宗幹《斯未信齋雜錄》）
>
> 龍溪為漳（州）附郭邑，自承紫陽（朱熹）過化，理學名臣前

> 後接踵。且就其小者言之，如婦女出門，有文公斗、文公衣、
> 文公履、文公杖，誠海濱鄒魯也。（光緒《龍溪志》縣令
> 「序」）
> 吾邑舊俗，凡婦女出行，須穿淺藍色闊袖衫，頭蒙一雜色布
> 帕，使人不得見其面，蓋朱文公治漳時之遺制也。民國初鄉間
> 尚多見。（民國《龍溪新志》）

在外地文人及官員的眼中及耳聞之下，泉、漳、潮三州的婦女同時流
行頭巾遮蓋頭面的習俗，或稱帕，或稱兜（斗）；或以長長黑布蒙
面，或以絲巾蓋頭，或用花巾（雜色帕）包首，俱以「文公」名冠
之，其實同也，其理一也。

於是就有了儒學正統「海濱鄒魯」的解釋，有竹枝詞為證。道光
年間，潮陽縣舉人高分清作〈潮陽竹枝詞〉其一：

> 歸寧少婦上康莊，楚楚青衫別樣妝。
> 半幅羅巾遮半面，果然鄒魯是潮陽。

無獨有偶，在漳州，黃子寅〈清漳竹枝詞〉如是描繪：

> 花繪千般錯繡文，蓋頭紗帕白羅裙。
> 海濱鄒魯今猶在，不見巫山一段雲。

這兩首竹枝詞，一樣持讚賞的眼光，一樣解釋為海濱鄒魯的風氣！在
泉州也有類似的說法：「婦女出門，向多以帕幂首，闊袖，執紅漆
杖。左宗棠曾稱為鄒魯遺風。」

閩南粵東婦女巾帕遮面究竟起於何時？康熙《漳浦縣志》即載：
「浦人婚嫁喪葬遵《家禮》，大抵皆文公遺教也，謂之『海濱鄒魯』，

然哉！又城市中罕見婦女，間或有之，必以巾帕蒙面類北方，得古中原風俗之遺。」乾隆《福建續志》〈縣志（龍溪）〉：「婦人雖有故，雖君舅小郎弗見也。家貧者出必以巾，男女之別尤兢兢焉。」乾隆《長泰縣志》：「邑男女之防最謹，非有大故不相見。女子出，富者以肩輿，貧者以巾裹頭，未嘗露面，男子導以行，有閨門不謹者則恥而絕之。」從這些材料看，雖在康熙、乾隆年間就已把頭巾和禮教風化聯繫起來，卻未指為朱熹治漳教誨之一端，將之命名為「文公帕」之類。綜合言之，大約到了清中後期，尤其嘉慶以來才多以「文公帕」命名，對其解釋才眾口一詞。

官僚文人們一再強調泉、漳、潮三府婦女蓋頭巾是中原舊制、鄒魯遺風，是理學家的教化。事實呢？清代頭巾遮臉更多的是貧家婦女的專利，是與中原有異的「弊俗」，其淵源上可追溯至宋元時期潮州婦女的「敞衣青蓋」異俗，下可將今天的福建惠安女特殊服飾視作其遺存。

（二）宋元文獻記載與現今服飾遺存之印證

《永樂大典》引《三陽志》、《三陽圖志》殘文，於宋元時期的潮州風俗，留下一段簡要而珍貴的記載：「其弊俗未淳，與中州稍異者，婦女敞衣青蓋，多遊街陌。子父多或另居，男女多混宴集，婚姻或不待媒妁。是教化未洽也，為政者可不思所以救之哉？」筆者發現，潮州婦女這種「敞衣青蓋」，竟然與今天泉州惠安女的形象存在驚人的相似！惠安女的獨特服飾，今天只分布於崇武城外、山霞鄉和小岞鄉、淨峰鄉三個半鄉鎮，可分為崇武、山霞類型和小岞、淨峰類型兩種。近二十年來大眾傳媒所表現的頭頂綴花黃斗笠，頭圍綴花頭巾，上身著短衣，露出銀褲鏈、花褲帶及肚臍的惠安女形象，主要是指崇武城外的。實際上，崇武城外現在的服飾是近百年甚至近幾十年才改變的，大概是糅合了清末崇武城內短上衣的特點，以花頭巾和篾

斗笠代替了舊時的黑帛「頭蓬」或布罩。

「敞衣青蓋」究是何等裝束？「敞衣」即是敞開上衣，露出肌膚；至於「青蓋」，就是藍色或藍黑色的蓋頭嘛。以惠安女的裝束為參照，再明白不過。從整個地域文化背景出發來討論，潮汕與閩南在歷史文化上的同一性，使我們不得不考慮兩者存在的共同地域的淵源關係。這一服飾的淵源應該很古老，宋元方志的編纂者就清楚地指出，「敞衣青蓋」是一種與中原地區迥異的「弊俗」，這就與清代文人強調婦女避免拋頭露面的理解完全相反；同時，文獻並沒有特別指出其與外來的伊斯蘭文化或阿拉伯民族存在聯繫。

為了理解「敞衣青蓋」服飾存在的歷史文化背景，我們有必要考察華南地區傳統婦女形象及觀念。在嶺南地區，原來並沒有中原地區那種「男尊女卑」的文化傳統。研究表明，在福建地區，傳統女性要承擔各種勞作，出入街市，習以為常，其社會地位比北方略高。潮汕地區也不例外，在宗族文獻及口頭傳說中，存在不少頌揚女性祖先如媽祖、祖婆、祖姑等例子。上述宋元時期廣東潮州「敞衣青蓋」的婦女形象，類似的記載還有。宋朱彧《萍州可談》：「廣州雜俗，婦人強，男子弱，婦人十八九，戴烏絲髻，衣皂半臂，謂之『遊街背子』。」宋王象之《輿地紀勝》記循州龍川風俗：「織竹為布，人多蠻獠；婦人為市，男子坐家。」

至遲到了十三至十四世紀，在以語言為表徵的民間習俗方面，潮州更接近於福建路沿海福、興化、泉、漳四州（軍），即時人所謂的「下四州」，而有別於同屬廣南東路的廣州等地區。但仍有不少的社會風習，嶺南具有共同的特徵。北宋紹聖年間章楶撰〈廣州府移學記〉，對廣州風俗作如是描繪：

> 其俗喜遊樂，不恥爭鬥。婦代其夫訴訟，足躡公庭，如在其室家，詭辭巧辯，喧嘖誕謾，被鞭笞而去者無日無之。巨室父

子，或異居焉；兄弟骨肉，急難不相救。少犯長，老欺幼，而不知以為非也。婚嫁見有無媒妁者，而父母不之禁也。喪葬送終之禮，犯分過厚，蕩然無制。朝富暮貧，常甘心焉。豈習俗之積久，而朝廷之教化未孚歟？

而宋莊綽《雞肋編》云：「（廣南）貧下之家，女年十四五，即使自營嫁裝，辦而後嫁。其所喜者，父母即從而歸之，初無一錢之費也。」可見，廣南婦女的日常行為與觀念，明顯帶有強烈的南方土著色彩，與中原習俗相去甚遠。

　　若以南宋朱夫子本人之政績為例，可證明政府短期的移風易俗舉措收到的成效甚微，而某些固有的民間習俗卻有頑強的生命力。紹興年間，朱熹任泉州同安縣主簿時，稱：「訪聞本縣自舊相承，無婚姻之禮，里巷之民，貧不能聘，或至奔誘，則謂之引伴為妻，習以為風，其流及於士子富室亦或為之，無復忌憚。」紹熙年間，朱熹任漳州知州時，曾發布勸諭文十條，其一為：

　　勸諭士民當知夫婦婚姻，人倫之首，媒妁聘問，禮律甚嚴。而此邦之俗，有所謂「管顧」者，則本非妻妾而公然同室；有所謂「叛逃」者，則不待媒聘而潛相奔誘。犯禮違法，莫甚於斯。宜亟自新，毋陷刑辟。

到了慶元年間，其弟子陳淳仍對家鄉漳州鄉村盛行演戲表示強烈的憂慮，擔心其「誘惑深閨婦女出外，動邪僻之思……曠夫怨女邂逅，為淫奔之醜」。明洪武間，「時禮教未興，有長泰民婦雍氏貞潔，（徐）恭特為上其事而旌表之。」貞婦僅此一例，朱熹勸諭的實效，已可想而知。

　　朱熹任漳州知州時，又曾勸諭漳州「遭喪之家，及時安葬，不得

停喪在家及殯寄寺院」，時在紹熙年間。而三十多年後，後任知州危
積看到的情況仍是「漳俗親死不葬，往往攢寄僧剎」，只好擇高地，
闢為義塚，三令五申，督令收埋。可見朱熹的勸諭並無實效可言；而
危積的務實做法，也只能改變一時，不能根本扭轉風氣。

由上可見，朱熹教婦女戴上所謂的「文公帕（兜）」之說，不僅
缺乏原始文獻依據，而且根本就是辦不到的。即使到了明代中期，官
修方志仍然稱潮州夫婦離異自由、輕率、隨便。再看看藍鼎元筆下的
清代中前期的婦女形象：

> 婦女入廟燒香，朔望充斥，然皆中年以上者。即歲時應節，踏
> 青步月，觀劇賞燈，少艾結群，直排守令之閨，擁擠公堂，沸
> 若鼎溢。遨遊寺觀，跳叫無忌，不復知人間有男女之別矣。海
> 濱之婦，或捕魚蝦、拾蛤蜊以資生計。山城閨閣，日陟岡巒，
> 樵蘇為業，蓬頭赤腳，多力善耕，雖昧逾閫之戒，然瘠土民
> 勞，亦其勢然也。

清代中前期以前，閩南、潮州婦女並不像我們想像中傳統的一副循規
蹈矩的「淑女」形象。遺憾的是，因眼界所限，筆者未能找到明代閩
南、潮州婦女蓋頭的材料，此中論述存在時間空檔，所以只能做到這
樣的推測：宋元時期潮州婦女的「敞衣」服飾在後來就漸漸消失了，
而「青蓋」易變為黑色、雜色或花色蓋頭，因與理學家強調婦女避免
拋頭露面的觀念契合，被稱為「文公帕」，保留至清末民初，而泉州
惠安婦女保留至今的糅合的特殊服飾可視為「敞衣青蓋」的活化石。

除惠安女外，時至現代，我們仍可在閩南、潮州某個地點或某個
特殊場合捕捉到它的遺存。在泉州的傳統婚俗中，有「挑烏巾」的風
俗，新郎在洞房裡揭開新娘頭上的烏巾，送嫁媽念「舉烏巾，烏巾舉
伊起，紅涼傘，金交椅。今日舉烏巾，日後生子又傳孫」。閩粵交界

處的潮州市饒平縣新塘、坪溪及潮安縣的鳳凰、大山等鄉鎮的山區婦女，歷來有戴「帕仔」的習俗：取一塊一尺見方的藍色粗布，先將一面摺成兩寸邊緣，再摺成對半，繫於婦女頭上的高髻。通常用於外出採茶時，時下僅有老婦穿戴。這種藍色「帕仔」，其顏色、形制應最接近宋元時期潮州婦女之「青蓋」，似乎為其嫡傳。

　　從上述材料看，實在很難把清代的「文公帕」與《禮記》所記「女子出門必擁蔽其面」的先秦儒家理想聯繫起來，甚至把它與唐宋北方的帷帽聯繫起來。當然，中國婦女「蔽面」的風俗由來已久，漢代婦女有頭戴「面衣」（或稱面帽）的習俗。隋唐時期，從西域傳入的冪籬中唐之後為帷帽所代替，主要在上層婦女如宮廷婦女中流行。韓愈治潮不過八個月，未見有令潮州婦女戴上冪籬或帷帽之記載，即使有也絕無流傳、普及之道理。

　　「文公帕」與「鄒魯遺風」的說法就是在以上歷史背景下出現的。韓文公、朱文公云云，明顯出於清代文人的附會。閩南主朱文公遺制，潮州主韓文公遺制，兩位文公，孰是孰非，不必在此糾纏。

（三）「文公帕」在周邊地區的變異與非漢族群文化標誌的解釋

　　清代潮州府的客家婦女（大埔、豐順二縣）及嘉應、惠州婦女流行一種稱為「蘇公笠」（涼帽）的服飾：

> 客俗婦女晴夏皆戴涼帽，製用竹織。其式為圓箔，中開一空以容頂髻，周圍綴以綢帛，或以五紗羅布分五幅折而下垂。既可周遮頭面，而長夏操作，可以迎風障日，名曰「涼帽」，又曰蘇公帽，眉山遺制也。
> 惠州、嘉應婦女多戴笠，笠周圍綴以綢帛，以遮風日，名曰「蘇公笠」，眉山遺制也。

（鎮平）俗婦女冬日戴帕，帕皆青布為之；暑天田功樵采，則戴涼笠，以竹為之，笠緣綴以青絹或青布，可以障日，名曰涼笠。

不僅限於廣東，有學者指出贛南、閩西的客家婦女也同樣流行戴「涼帽（笠）」。而與宋代大文豪蘇軾掛上鉤，便是文化的附會，與韓愈、朱熹教習文公帕的傳聞是一樣的模式。

在臺灣地區，學者連橫稱：「前時婦女出門，必攜雨傘，以遮其面，謂之含芯傘。相傳為朱紫陽治漳之俗。後則合之如杖，尚持以行，海通以後，改用布傘，以蔽炎日。」又說：「舊時婦女出門，無論晴雨，必持一傘自遮，曰含芯傘，猶漳州文公兜之遺意也。」觀其形制，似乎與「文公帕」無涉，也比「蘇公笠」走得更遠，僅存象徵性了，大概可以理解為閩南習俗傳播到臺灣後產生的變異。

在全國少數民族絢麗多姿的服飾中，類似的蓋頭或頭巾是很普遍的。以閩南粵東而論，與婦女蓋頭關係密切的是歷史上的畬民和疍人。長期以來，畬、疍與漢生活於一處，於是歷史上閩粵畬、疍婦女的服飾，可為我們提供某種參照與啟示。民國福州一帶的畬民「短衫跣足，婦女高髻蒙布，加飾如瓔珞狀，亦跣而雜作」。同樣，清代畬人「高髻垂縷，頭戴竹冠蒙布，飾瓔珞狀」。據此看來，客家婦女之「蘇公笠」儼然是畬婦頭飾的翻版。潮州饒平、潮安北部婦女戴的「帕仔」，有傳說來源於鳳凰山頂石古坪村的畬族人家，後來他們同漢族關係日趨密切，畬、漢通婚，此習俗便傳播開來。

郭志超的研究認為，惠安東部文化具有疍民的文化特質，推測歷史上的惠東的漢民應與疍民發生過文化接觸，產生了文化涵化。據張壽祺先生的調查，二十世紀五十年代以前，珠江口及廣東省沿海江河仍生活著不少的水上居民──疍家人。其婦女一般穿藍、黑色衣褲，夏天她們人人戴著一頂用細竹篾編成有深彎帽緣的圓頂竹帽（笠）；

冬天所有婦女都喜歡包上一條黑色的頭巾。在潮汕地區的饒平縣，過去的水上人家衣著跟陸上人家不同，他們的上衣均縫上兩色布料，頭上戴竹笠必垂簾以遮面容。

由此看來，華南舊時畬人、疍家婦女的傳統服飾與「文公帕」、「蘇公笠」有異曲同工之妙，彼此可能存在共同的淵源。一直以來，被視為泉、漳、潮、梅州漢人婦女的符合於儒家禮教的服飾，其實帶有強烈的「土著」文化色彩。清代文人以社會風化、理學正統的眼光來解釋該習俗，並不符合實情；「文公帕」、「蘇公笠」云云，只是對文化名人的曲意附會罷了。[6]

七　朱熹令婦女裹腳、穿木頭履？

有傳說，朱熹為官福建南部時力倡裹腳（或曰纏足），推廣「木頭履（或誤作屐）」，以束縛女性。其言鑿鑿，不但坊間津津樂道，現代眾多學術著作亦予採信，成為五四以來「程朱以理殺人」論調的重要支撐。問題本來極瑣細，但因直接關係到朱子節義觀、理欲觀的本質以及現代女性對道學的接受與否，故不可不辨。

漢族史上的女性畸形裹腳現象源自何時，眾說紛紜，一般的看法以南唐後主為始作俑者。明確的是，裹腳風至宋代漸漸流行，元明清大盛，上層社會甚於下層社會。裹腳無疑是一種陋俗。至於它與儒學的關係，余英時先生在其〈民主、人權與儒家文化〉一文中說道：「（纏足）這種侵犯女性人權的極端形式與儒學、佛教均毫無關係。」又提及程頤後代皆不纏足。儒學鼻祖孔孟根本不知裹腳為何物，新儒學導師程頤又不贊成裹腳，於是無證據證明儒學家獨愛裹

6　本節出自吳榕青：〈閩南粵東婦女服飾「文公兜（帕）」考辨〉，《閩南文化研究》2004年第2期。

腳。但朱熹是不是孔孟、伊川的異類，別樹一幟地推動過裹小腳或者
「木頭履」，此事尚須特為一證。

（一）關於朱熹強制女性裹腳的記載及辨析

據王懋竑《朱子年譜》，朱熹於宋高宗紹興二十三至二十六年任
福建同安縣主簿（同安當時屬泉州，含現在廈門境），於宋光宗紹熙
元年至二年任漳州知州。朱熹同女人的雙腳過不去的所有傳說，都與
這兩段經歷有關。

人們所據的最早記載朱熹叫人纏足的資料，非常晚近，出現在上
個世紀二十年代。胡樸安成書於一九二三年的《中華全國風俗志》，
有「漳州女子之杖林」一段，茲全錄如下：

> 福建漳州女子皆小足，必倚杖而行。凡遇慶弔之事，女子偕
> 往，每人皆持一杖，相聚成林。蓋初時民俗，淫奔者眾，朱文
> 公守漳時，立法命之纏足極小，使不良於行，借革其澆俗，故
> 成為今日之現象也。

引用這段話的人很多。

此外近人賈伸〈中華婦女纏足考〉中有一段話，也講朱熹提倡纏
足，這篇文章最初於一九二四年發表於《史地學報》三卷三期。賈文
曰：「清代纏足盛則盛矣，但是還有不普及的地方。……福建亦只限
廈門一帶為之。」注釋曰：「廈門婦女近來猶有纏足者。父老相傳廈
埠一帶，晉時風俗不佳。朱文公治漳時，厲行其愚民政策，提倡纏
足。當時人民受其感化之力頗大，故纏足至今未廢。」

漳州、廈門各據閩南一方，《中華全國風俗志》（1923）說「漳州
女子皆小足」，〈中華婦女纏足考〉（1924）卻說「福建亦只限廈門一
帶為之」。好像已矛盾。但也未必，因為後者是作者自己撰寫，明顯

就當時而言，而前者所指的時間卻不得而知，或是很早以前的事。考《中華全國風俗志》之成書，書末胡樸安之弟胡懷琛有〈跋〉曰：「相與發各地方志書及筆記、遊記等數千百卷，披揀撮錄，成《風俗志》一書，凡二十卷。」這部書上編全是輯錄他書內容而成，只要關於風俗，無論哪個朝代的書都用，且歷歷皆著書名。「漳州女子之杖林」條目在下編，下編沒有像上編那樣一一列舉出處，但從下編書中各地風俗描寫文筆各異、長短懸殊來看，特別加上胡懷琛這段表白，可以斷定，「漳州杖林」云云應該不是作者實地調查的結果，而是錄自其他文本，最多是做了些文字加工，因而所指不必是當時。因此，我們姑且相信兩書關於廈漳兩地的風俗描寫都是真：漳州過去曾裹腳盛行，而且比其他地方裹得更小，以致個個要倚杖而行；廈門直到民國放足運動以前裹腳現象仍很嚴重。

關於朱熹與兩地纏足風俗有因果關係的說法，〈纏足考〉僅稱「父老相傳」，《風俗志》則有鼻子有眼，謂朱熹曾立法要求纏到極小。無論是二手的傳言，還是一手的斷言，從文獻的時間點看，距離事主朱熹都隔著幾個朝代。因此有必要追查民國以前閩南的風俗實情。

明末謝肇淛撰《五雜俎》，提供了一條明代的記錄：「今世吾閩興化、漳、泉三郡，以屐當屩，洗足竟，即跣而著之，不論貴賤男女皆然，蓋其地婦女多不纏足也。」也就是說，明代後期，閩南婦女裹足極少，男男女女都喜歡赤腳穿木屐。又有清代早期劉鑾的筆記《五石瓠》，曰：

四川婦女，……跣其脛，無膝衣，無行纏，無屐，如霜，素足。嘗見於大市中，不以為異。粵中風俗亦然，而乘以木屐，……惟士大夫歷官南北者歸而變，其內竟習弓鞋。閩婦女亦多不襪。

這裡說四川婦女甚至不穿鞋，廣東、福建的婦女除仕宦階層外，好歹穿木屐，但也不穿襪子，反正不纏腳是肯定的。同樣的，王澐的《漫遊紀略》卷一之「閩遊」篇，記載了其於順治年間遊閩之所見，曰：「夏在泉南，……此中男女躡屐，誰曰不宜？而泉漳之間，弓步絕跡。殆南越之餘俗歟？」王澐對漳泉男女夏天穿木屐感覺很自然，對他們普遍不纏足倒有些許感慨。

折衷幾條資料，可以得到這樣一個大概：至少到清代早期，閩南婦女纏足仍屬於極少數。這樣我們得以推測，前面《中華全國風俗志》記錄的漳州女子裹腳的情況當發生在清代中後期以降。其實，正如謝肇淛、劉鑾、王澐所言，光著大腳穿木屐才是福建（尤其是閩南）勞動人民的老傳統。我們讀到許多回憶的文字，就在幾十年前，漳州、廈門一代仍時聞木屐「閣閣」之聲。這樣的話，加上《中華婦女纏足考》中「（上個世紀二十年代初）福建亦只限廈門一帶為之」的調查，我們認為，《中華全國風俗志》所謂「漳州女子皆小足」，言過其實。綜言之，無論是漳州的裹腳還是廈門的裹腳，比之北方中原，都是相當後起的事；特別地，即便後來裹腳風在漳州颳起，也並不普及。既然事實如此，朱熹下令裹腳云云，顯而易見是後人的附會。

今人高洪興《裹足史》說得清楚：

> 在（福建），纏足風俗不普遍，只限於某些地方。相傳南宋朱熹……讓婦女纏足。此說既屬相傳，自然不足為據。但在清代的福建，纏足確實以原漳州府屬所在的閩南地區為甚，其中又以漳州、廈門為甚。

閩南各縣市眾多清代地方志及其所引文獻，往往以朱熹之故而稱漳州、泉州一帶為「海濱鄒魯」，以顯示當地乃風教所化、民俗淳厚，故而裹腳風俗之甚於他處也難免成為表彰朱子的一條理由。時至今

日，此種善意的附會不幸損害了朱熹的形象。

（二）關於朱熹推廣「木頭履」的記載及辨析

其次便是「木頭履」之說。陳壽祺纂於清道光年間的《福建通志》卷五十六（「風俗」）之「泉州府」第二頁引《同安志》（已軼）：

> 宋朱子主簿同安及守漳時，見婦女街中露面往來，示令出門須用花巾兜面，民遵公訓，名曰「公兜」；見泉、漳多控拐案，示令婦女於蓮鞋底下添設木頭，使之步履有聲，名曰「木頭履」。一兜一履，防杜之意深矣。二郡經紫陽過化，故俗雖強悍而女人多尚節義。

「公兜」云云，已有學者力證其與朱子無涉，有待考察的是「木頭履」。

同是說小腳女人的鞋底安木頭，翁國梁一九三三年發表的〈朱熹與閩南文化──關於朱熹的遺跡及其故事〉提供了另一個版本：

> 閩南婦女多纏足，鞋底的後跟有一木塊高寸許，只許用一枝釘釘著，所以婦女走路切要仔細，不然則鞋底那一塊木頭便會脫落，這是朱子創議的，蓋以防婦女私奔也。

緊接著這段話，他引了一段清人荊南八十四給《龍溪縣志》作的序。經查對原志，此序乃荊南八十四作為龍溪縣令，因重刻增補乾隆《龍溪縣志》而作於光緒五年，其文曰：「龍溪為漳附郭邑，自承紫陽過化，……婦女出門有文公鬥、文公衣、文公履、文公杖……誠海濱鄒魯也。」這裡的「文公履」，與翁氏描述的木頭鞋，與《福建通志》裡的「木頭履」，稱謂不一，所在地域有大小，但所指應是一物。

　　翁氏的話未告出處。不過鑒於他未將木頭履與文公兜並舉，又一一提到木頭鞋底的位置、高度、釘法，定是自有所本。一九八八年印刷的《漳州民間故事》記錄了當時一位八十五歲老人講述的漳州傳說，其中說道：「朱文公還規定，纏腳婑某人的高跟鞋底，只准釘一根鐵釘，走起路來，只能規規矩矩，走得太快，鞋跟就會掉落了。」看得出來，這裡朱子「規定」的高跟鞋，與翁氏三十年代之所言，正是同一個版本。

　　此外，「木頭履」的說法還有第三個也是最近的版本，出自一九八〇年代的一篇文章，名為〈朱熹對福建習俗文化的影響〉（作者劉傳標）：

> 朱子還針對雲霄（屬漳州）等地女子平足而多「淫奔」，倡儀以木頭製成蓮花座鞋船底（在鞋腳腰處，釘一塊圓木柱，高約三寸餘，直徑約二寸餘，今雲霄縣一些鄉村老婦人仍有）的「木頭履」，認為這樣婦女便不能遠行，就不會「淫奔」，才能守「婦道」，同時朱子倡導婦女纏足，在閩南一些縣鄉還一年一度舉行一次「賽足」會。蓋初倡導纏足受不到公眾回應，乃以「賽足會」推廣之。

這段話很是詳細，因為特別強調木頭底安裝的地方是腳腰而非翁氏說的「後跟」，又高度是三寸餘而非翁氏說的「寸許」，而且沒有提到只用一根釘子云云，所以我們認定為「木頭履」的第三個版本。

　　這段話同時把木頭履、纏足二事付之朱熹。關於「賽足會」，據高洪興《纏足史》，全國最有名的是山西大同的賽腳會，據傳始於明代正德年間。無記載（哪怕是較早的傳說）顯示，有更早的賽小腳的民俗活動。所以這段話所言宋代的朱熹倡導纏足並舉辦賽足會，絕不可信。下面只談木頭履。

　　以上第三種木頭履之說，沒有交代出處。作者劉先生（現為福建社科院文獻信息中心主任）向筆者介紹，他當年寫作時可能參考了地方志、地方「文史資料」或者介紹奇異民俗的書籍，同時也有實地考察，如鞋底形狀、三維尺寸即是當時所見。可喜的是，筆者訪問了一些漳州人（其中一位是熟稔雲霄風俗的方哲強先生），得知劉先生描述的木頭履在以前的閩南、粵東都有，尺寸大抵也沒錯，漳州現今仍存有過中元普渡節向亡魂燒這種鞋（紙質）的民俗。不過，木頭底據說是設在鞋跟而非鞋腰處。竊以為，木頭設在鞋跟才是對的，劉先生當年可能搞錯了。理由有二。一是事理上，纏過的小腳約為三角形，腳跟粗，前方細，站立基本靠腳跟，而且，因為四個腳趾被折疊到腳掌前部，與腳跟對峙，腳心處往往形成一道深溝，故很難想像在鞋掌的這個位置安木頭底。二是歷史上，木底蓮鞋不獨閩南有，北方的弓鞋也有一類是木頭底的（見下圖，一是流行於清代西安、大同、蘭州等地的「蹻底弓鞋」，一是出土於明朝定陵的高跟弓鞋），完全是安在鞋跟部位。假如雲霄等地的木頭履果真是高鞋跟，便與一九三〇年代翁氏所述的木頭鞋在木頭的位置這一點上吻合了。

　　三個版本的「木頭履」，須綜合起來看。首先要明確一點，不論哪種木頭履，都不是上文提過的天足木屐，木頭履為小腳女人獨有，是蓮鞋的加碼，是對纏足女性的進一步束縛。因此，推翻所有這些朱氏木頭履的傳說，辦法是顯而易見的──如前所見，朱熹治理漳州時（只一年），當地尚無婦人裹腳（便有，亦只是寥寥之官宦內眷），既

如此,又如何命令她們在不存在的蓮鞋的底部安上木頭?當然,這麼
簡單就推翻了百多年來的傳說,有人可能不信服。以下再作細節上的
辨析。

因為事實俱在,我們不能不承認舊時閩南有些地方小腳女子穿木
頭履成風。三種說法所本文獻或有不同,但尋根究柢,必然都是得自
親眼觀察,只不過觀察的時間、地點有異,所得難免有些差別。比
如,翁國梁說木頭底高寸許,劉傳標說高三寸,可能就是所見不同。
同處閩南,某縣或某一區域或某一年齡段穿的格外矮一點或高一點,
完全有可能。唯有翁國梁版本中「只用一枝釘,鞋底木頭易脫」云
云,卻很奇怪。根據第三個版本、北方的蹻底弓鞋的式樣以及我們的
訪問,木頭鞋跟是牢牢鑲住的,過去漳州一些老婦人穿著這種鞋甚至
能自如上下豎著的木梯。倘若稍不小心承受整個身體重量的鞋跟就會
掉落,穿鞋者隨時會崴到腳,需要爬高勞動的女子更有性命之虞,那
麼這種鞋絕對無法普及。總而言之,木頭履的這個特徵應屬文人臆
想。綜合起來,經過辨正,眾人所言「文公履」的共同之處是:這種
鞋起碼在清末、民初時活躍在閩南一帶,為小腳女人所穿,圓柱木質
鞋跟,鞋跟高度不一,高者可達三寸許。這些對現象的描述,問題不
會很大。而我們要質疑的,是這民俗學考察以外的解釋及歷史想像。

穿木頭履之所以能防拐騙或防淫奔,三種版本的解釋各異:一是
靠步履有聲,一是靠一枝釘子造成隨時脫落,一是靠行走不便。解釋
上的諸多分歧與矛盾,已經很好地反映了解釋本身的主觀乃至不可
靠。第二種解釋我們已經說明屬臆想。至於第一種,通過走路的響動
來監控家中婦人,看似有效,但在男女普遍穿木屐(處處木鞋聲)的
閩南,很難算作聰明之舉。再者,明清時期閩南絕大多數女子恐怕都
沒有條件常年不出門,既然平時就有出門,木頭履的走路聲就幾乎起
不到作為私奔或拐騙警報的作用。比較而言,只有第三種解釋勉強靠
譜,即在蓮鞋底部鑲上木頭後使小腳女性越發不便行走。然而也不是

無可置疑，如清代滿族女子穿高底鞋（清宮劇裡常見，其高度絲毫不亞於今人之高跟鞋），從來未聞是男人為增加她們的步履難度而使然。特別地，裹腳酷烈的地區（如北方的山西及前文《中華全國風俗志》所述之漳州），女子走路本已顫顫巍巍，須扶牆靠壁、倚仗持拐，如此有何必要更在鞋上做手腳？何況，木頭履的鞋跟與小腳相比也不算小（兩寸餘比三寸），其所托舉，又正好是受力的後半部分腳，因此並不至於使人格外難以掌握重心。

　　實際上，解釋一地之傳統服飾，多半還是要回到自然及社會因素上。一位漳州人告訴筆者，閩南人是因為個頭矮才這麼穿的。話雖如此，論實情，恐怕還是要歸於木頭履實實在在的功用，即耐磨、防水防潮、防泥污、防荊棘，而這也正是閩南、粵東以至日本等地在橡膠鞋、塑膠鞋普及之前流行木屐的根本原因。婦女們裹了腳，無法穿木屐、草鞋等，而蓮鞋的布底容易磨損、濕朽、穿透，在生活、生產水平普遍較低的過去，因此而產生在鞋底鑲木跟的做法，應該說，這是勞動人民很容易有的智慧。特別是防磨損這條，過去一些地方的「鑲銅木鞋」可為佐證，他們為了耐用，在蓮鞋木跟上再鑲上銅片──這猶如現在人給皮鞋鞋跟釘掌。此外，愛美、增高等次要因素都可能摻雜其中。

　　綜上，一則諸傳說中的那些解釋各自矛盾又都非常勉強，一則從實踐的視角完全可以找到更合理的解釋。既如此，那些建立在這個基礎上的關於朱熹的歷史想像──朱熹或命令、或創議、或倡議木頭履──就更站不住腳了。加上前面對木頭履的前提──裹腳──的否定，可以認為，朱熹推廣木頭履的傳說完全不可信。

（三）回到朱熹本人

　　以上所有牽涉到朱熹的傳說，都出現在十九世紀以後（最早者為道光年間），距離朱熹生卒超過六百年。其源起，自與明清以來「朱

文公」一名的尊崇有關。閩南一帶，不僅朱熹兩次蒞治均有政聲，門
下弟子流布其方者亦甚夥，因此即使朝廷不特為表彰而閩人照樣世代
稱頌朱子，亦是自然之事。如此，便可能出現形形色色的民間故事。
漳州傳說裡朱熹亦人亦神，而武夷山（朱熹長居地）也有朱熹與麗娘
（狐狸精所化）的傳說，白鹿洞（朱熹重建白鹿洞書院）也有類似武
夷山的傳說。誕生於「五四」反傳統思潮之前的這些傳說用意在於褒
揚稱善，寄託著人們的美好願望。現已無法追究把閩南人的具體習俗
與朱熹聯繫起來的第一個人是誰，但我們看見這種做法今天仍在繼
續，如福建武夷山市有所謂「文公菜」、「文公宴」、「朱子家酒」等，
其命名都不是很久前的事。當然，這麼說不等於所有這些傳說、稱謂
與朱熹一點實質關係沒有。儘管難以考證，有的應該也是有些瓜葛，
或多或少。但更多的則是後人的想像與附會，裹腳、木頭履的傳說即
在此列。

　　朱熹一生，在五個地方當過官，所撰寫的下行的公文存於《晦庵
先生朱文公文集》第九十九及第一百卷，稱「公移」，主簿同安三
年、知漳州一年的部分存於第一百卷。其中有關風俗者，有〈漳州曉
諭詞訟榜〉、〈曉諭居喪持服遵理律事〉、〈勸女道還俗榜〉、〈揭示古靈
先生勸諭文〉、〈勸諭榜〉、〈龍岩縣勸諭榜〉等多篇。朱熹從政，甚為
重視移風易俗，從這些榜文看，他熱衷於用儒家禮教扭轉當時閩南較
落後的風俗面貌（如迷信多、鬥訟多、男女關係混亂等），可謂孔子
的忠實信徒。除了諭示、宣傳，他也是行動派，其所措施，最要者是
教育，每到一地必致力於興學授徒，而所傳授者必是孔孟之道。或許
正是由於朱熹曾在任上一再強調儒家的男女防閑，後人便將他與裹
腳、蓮鞋聯繫到了一起。而事實上，這些公移並無隻字涉及裹腳或木
頭鞋。其實不止同安、漳州兩地的公移，他在知南康軍、提舉兩浙東
路常平茶鹽公事、知潭州等任上留下的公文，以至整個朱熹全集，都
是如此。

　　陳榮捷先生在其〈朱子格言〉（收於《朱子新探索》）一文中說道：「朱子教人，重在原則。」這本是說朱熹作為教育家的特點，如所立〈白鹿洞書院揭示〉就極為典型，但其實他當地方官之出令勸俗也有這個特點。我們瀏覽這些關於風俗的榜文，基本都是照述儒家的基本信條，少有為猥細之事立言。其所用心，在於使民從源頭上知來；用條規一五一十地規範人們的行動，非朱熹所措意。以此之故，就算我們假設朱熹贊成裹腳，恐怕也不會把它寫到政令裡。在他眼裡，義理是本，其他（包括實踐）是末，倘使不明瞭男女有別這種原則，就算鎖住雙腳、戴上貞潔帶，也無意義。

　　問題是，朱熹沒有實際推動過裹腳，可他是否「會」贊成裹腳呢？這是個假設，因為在南宋，大概只有在臨安等大都市裹腳形成些氣候，這種背景下，常年呆在小地方（崇安縣五夫里）的朱熹是否考慮過裹腳這件事也未可知。我們這裡代他考慮，看一下他的思想是否能容許明清之際肆行的婦女裹腳現象，又或者說，這種現象在多大程度上被他的思想所不認可。

　　第一，以裹腳之殘忍，難符儒家的人觀與仁道。《孝經》第九章曰：「天地之性，人為貴。」孔子曰：「仁者愛人。」這些命題，歷代儒者一次又一次地提起，朱熹必定也爛熟於胸。朱熹服膺北宋周敦頤的〈太極圖說〉、張載的〈西銘〉以及程顥的仁觀。〈太極圖說〉曰：「乾道成男，坤道成女。二氣交感，……唯人也得其秀而最靈。」〈西銘〉曰：「民吾同胞，物吾與也。」這裡的「人」也好，「民」也好，女人都占一半。程顥釋「仁」曰：「仁者以天地萬物為一體，莫非己也。」朱熹把這些話都收進了《近思錄》。〈仁說〉是朱熹自己的一篇重要文獻，其中說「仁」，曰「天地生物之心」，曰「人之愛人利物之心」。以生為仁是朱熹仁學的一大特色。這一方面是對生命的愛護，一方面是對天地造化的敬重，人之形體無不是天地造化所成（故可名曰天體、天足等），不予殘害，可謂順從天地生物之心，即是

仁。仁的所有這些含義，無疑都無法容納殘忍的裹腳行為。某父母對年幼的女兒說，裹腳讓你將來可以嫁個好婆家，是為你好。這種功利主義，能達到某種小善，卻以殘傷弱者天體為代價，豈是朱熹所謂「以天地生物之心為心」的仁所能容？《近思錄》第十四卷載：「周茂叔（周敦頤）窗前草不除去，問之，云『與自家意思一般』。」這就更明白了：對草尚且如此，何況有血有肉的雙腳？

第二，以裹腳之傷身，違背儒家的孝道。這是一目了然的。《孝經》第一章曰：「身體髮膚，受之父母，不敢毀傷。」上一條中，依朱熹仁說，人身是天地造化而來，故不能戕害，這裡則說，身體是父母所生，欲行孝道，就應當保全身體。身體就是這樣具有雙重來源，既是天地授予，又是父母授予。一重關係就意味著一重（宗教）義務，具體到對待身體的問題上，就是要呵護之。談到保全身體以同時盡到對天地與對父母義務的，是《禮記》〈祭義〉：「天之所生，地之所養，無（如）人為大。父母全而生之，子全而歸之，可謂孝矣；不虧其體，不辱其身，可謂全矣。」在儒家，孝道是徹底剛性的，孝與不孝具體而微；不為成仁，不為取義，卻傷身害體，不孝之罪無可逃脫。準此，朱熹焉能同意裹腳？不但不能同意裹腳，如程頤一般，貫耳（穿耳）也不能同意，甚至，也不會高興良家子去當太監（如果有足夠的言論自由，他就會批評整個太監制度）。有人會問，裹腳往往正是父母之命，順從父母不也是孝的要求嗎？我們要說，如果不是社會壓力，沒有幾個父母會忍心讓自己的女兒裹腳。父母仁慈，這也是儒家要求的、與孝對稱的倫理。儒家強調孝更多，女兒順父母之意而去裹腳，朱熹或能首肯，但所首肯者是裹腳之人而非裹腳之事。儒者所注目，在國家天下，其所用心，必首先以迫人裹腳的社會風氣為非。

第三，以裹腳之淫賤，非真儒所能接受。不論裹腳起源在哪，在其發展初期占據中心的無疑是舞女、妓女，皆卑賤之人，而其所滿足者，是男人之玩物淫穢心。娼妓的裹腳好比鄭衛之聲，為一部分人所

喜，而真儒必深惡痛絕之。當然，變本加厲的是裹腳現象擴大後，產生大量歌詠品評的文學作品。清代「品蓮」之風盛極一時，不僅本身不恭不敬，還以醜為美（自然為美，扭曲為醜），大啟民眾窺私尋臭之樂，其淫遂加一等。比朱熹早的蘇軾已歌詠了小腳，朱熹的詩作不算少，卻完全沒表現出這方面的興趣。要知道，當時裹腳尚無惡名，如果朱熹喜之並為之作詩賦詞，則它們會與其他作品一樣被保存下來。儒者有別於一般文人，此見一端。明清之際，裹腳「文化」登峰造極，但不曾聞王守仁、劉宗周、黃宗羲、王夫之、顧炎武等大儒有所取樂其間。其理一也。

綜言之，我們認為，朱熹的思想不僅不支持，而且反對裹腳。眾所周知，議裹腳之非，清時已有其人，錢泳、俞正燮皆是。朱熹之卓見及批判精神不在他們之下，若立身清朝，亦當直言裹腳之非。錢泳《履園叢話》之「叢話二十三·裹足」曰：「大凡女人之德，自以性情柔和為第一義，容貌端莊為第二義，至足之大小，本無足重輕。」這本是儒家婦女「四德」（婦德、婦言、婦容、婦功）的題中之義，也將為朱熹所認可。[7]

八　朱熹反對民間戲曲音樂？

現代人詬病朱熹，有朱熹「禁戲」一節。紹熙元年（1190）朱熹知漳州，上任伊始，即發布〈諭俗文〉，其中一條規定，城鄉不得以禳災祈福為名，斂掠財物，裝弄傀儡。不僅如此，還規定：「諸喪制未終，釋服從吉者，若忘哀而作樂徒三年，雜戲徒一年，即遇樂而聽及參與吉席者杖一百。」朱熹嫡傳弟子陳淳，也在其〈上傅寺丞論淫戲書〉中歷數「戲樂」之害，主張「申嚴止絕」。一九六〇年代，陳

7　本節出自袁鑫忞：〈朱熹與裹腳及「木頭履」〉，《鵝湖》（月刊）第452期（2013年3月）。

淳此文曾被定性為反對民間戲曲音樂的「反面文章」。聯繫朱熹〈諭俗文〉中的條款，在一些人眼裡此事不免成為道學家「存天理滅人欲」的又一「罪證」。

且不論儒家「存天理滅人欲」之說內涵複雜，其中所謂「人欲」特指不合理之私欲。這裡只欲具體澄清一個問題：朱熹之所以「禁戲」，是因為反對民間戲曲音樂的發展，還是為何？

（一）辨明朱熹「禁戲」的實情

先看看「禁戲」措施出臺的背景。

紹熙元年朱熹赴任漳州，決心全力更革積弊，為民興利除害，其中一項重要內容就是「敦風俗」。他看到當地官吏勾結猾民魚肉貧戶，讀書士子不顧廉恥氣節逐利，民間爭訟成風，鬥毆成習。有的以禮佛傳經為名，寺院裡男女聚集，日夜調笑雜居；有的以修道為名，私創道庵，以女道士為主持，通姦之事屢屢發生；有的以禳災祈福為名，扮弄傀儡，附鬼扮妖，騙掠錢財。雖然理學家筆下的這些記載可能有誇大的成分，但在閩臺地區，借祭祖酬神之名搬演雜居和傀儡的習俗由來已久，時至今日仍相當盛行。

古代閩人特別迷戀超人力的神鬼和巫術，唐人劉禹錫曾說：「閩有負海之饒，其民悍而俗鬼。」《宋史》〈地理志〉也記載：「福建信鬼尚祀，重浮屠之教。」粗略統計，閩臺地區主要民間信仰在宋代已基本形成，至近代一年之中神誕日多達二、三百天，每逢神靈誕辰，奉祀該神靈的鄉村里巷紛紛籌集資金，演戲酬神（方寶璋《閩臺民間習俗》）。筆者生長在閩中，熟知箇中三昧。曾因事返鄉，恰逢廟祝執事上門徵收「戲金」，徵收標準是各家不分男女老幼，每人至少十元。交納後紅榜張貼於廟宇簷壁，詳具每家每戶姓名及交納情況。一個百來戶規模的居委會每年收繳的戲金可達十多萬之巨，廟祝董事會主席一職竟相當炙手可熱。若逢城隍老爺的節慶，則更是全力籌資捐

款。如塘頭片二○○一年的一次遊行就籌款六十餘萬元，後經政府極力勸說方作罷。這類活動往往帶有濃厚的迷信色彩。每年農曆正月期間，閩中、閩南地區的許多地方都會有元宵「踩火」活動。羽客緇黃，人頭攢動。神棍宣稱，哪幾戶出資最多，神便會光臨並附體家中男童身上。這幾名男童便成為全村頂禮膜拜的對象，時而自言自語，時而搖晃不止，並且赤腳踩過烈焰而聲稱毫無痛楚。來年，該戶便會飛黃騰達，財源滾滾。

當我們的思緒完成了以上的時空跨越後，就不難理解為什麼朱熹在知漳期間會要求「不得以禳災祈福為名，斂掠財物，裝弄傀儡」。朱熹此舉是否必要呢？來看看朱熹上任時漳州百姓的生活狀況。當時，漳州的土地兼併已經到了令人觸目驚心的地步，單寺院田產就占了七分之六。有田者無稅，有稅者無田的現象比比皆是，可謂「富者良田千畝，貧者無立錐之地」。再加上官府各種攤派，百姓已是怨聲載道，苦不堪言。如果還要承擔一些迷信陋俗活動的費用，無異於雪上加霜。在這種情況下，作為一方之吏，朱熹頒布了〈諭俗文〉，對民風民俗進行引導，無疑具有積極意義。

〈諭俗文〉十條，「禁戲」作為其中一條，只是朱熹知漳期間為維持社會治安、敦俗化民而採取的一項措施。其針對的對象乃是以禳災祈福為名斂掠財物的舊俗，而非一切民間戲曲和音樂活動；與其稱「禁戲」，不如稱「禁陋俗」。至於懲罰「忘哀作樂或聽樂」的規定，也只是曉諭民間「居喪持服」的一項，乃明確針對有重喪在身、喪期未滿之人而言。

（二）辨明朱熹及其門人的立場

南宋中後期，朱熹門人後學滿天下，著者有黃榦、陳淳、蔡元定、蔡沉、真德秀等。這些人在朱熹死後著書講學，延續學統，弘揚本學派思想。但是他們在繼承師門傳統的同時，又對朱熹的學說有所

發揮，因此我們必須立足於朱熹本人來研究朱熹，否則就會看到一個黃榦版的朱熹或陳淳版的朱熹，造成後人的誤解。

陳淳的「禁戲」就是一個活生生的例子。陳淳係漳州人，曾在〈上傅寺丞論淫戲書〉中抨擊「某竊以此邦陋俗，秋收之後，優人互湊諸鄉保作淫戲，號乞冬。群不逞少年，遂結集浮浪無圖數十輩，共相唱率，號曰戲頭，逐家裒斂錢物，豢優人作戲。或弄傀儡，築棚於居民叢萃之地、四通八達之郊，以廣會觀者；至市厘近地，四門之外，亦爭為之」的現象，歷數戲樂之八大弊端，主張「申嚴止絕」。但即使如此，仔細閱讀陳淳的書信後，我們可以發現當時為演戲而「無故剝民膏為妄費」和「逐家裒斂錢物」的不良習氣。況且，不管陳淳出於什麼目的禁戲，這筆賬都不能算到朱熹頭上。

那麼，朱熹對當時的「俗樂」（包括戲曲）究竟持什麼態度呢？筆者發現若干有趣的材料，轉錄兩條如下：

材料一是朱熹和他的學生胡泳之間的一段談話（由陳淳記錄）。胡泳問：「今俗妓樂是否不能用？」朱熹的回答是：「今州縣都用，我們自家如何用不得？亦在人斟酌。」妓樂尚可，何況其他？

材料二是朱熹給他的朋友張栻的一封信。這封信大約寫於乾道五年（1169）。期間朱熹母憂居喪，張栻與之商討編修《喪葬祭禮》，還根據二程之說寫成一篇〈祭說〉放在卷首。對此，朱熹一方面肯定〈祭說〉辯訂精審，尤荷警發；另一方面又認為：「蓋今之俗節，古所無有……夫三王制禮因革不同，皆合乎風氣之宜而不違乎義理之正。使聖人復起，其於今日之議，亦必有所處矣。」可見，朱熹反對一成不變地搬用古禮和限制民間現有的禮俗，主張尊重現時民間習俗，兼及人情，因時制禮作樂。[8]

8　本節出自鄭俊暉：〈朱熹音樂思想探究〉，《朱熹音樂著述及思想研究》（福州市：福建師範大學博士論文，2007年），第四章。

哲學研究叢書·學術思想叢刊 0701017

敵道學史──從北宋到二十世紀

作　者	衷鑫恣
責任編輯	楊芳綾
特約校稿	林秋芬

發 行 人	陳滿銘
總 經 理	梁錦興
總 編 輯	陳滿銘
副總編輯	張晏瑞
編 輯 所	萬卷樓圖書股份有限公司
排 版	林曉敏
印 刷	森藍印刷事業有限公司
封面設計	斐類設計工作室

發　　行　萬卷樓圖書股份有限公司
　　　　　臺北市羅斯福路二段 41 號 6 樓之 3
　　　　　電話 (02)23216565
　　　　　傳真 (02)23218698
　　　　　電郵 SERVICE@WANJUAN.COM.TW
香港經銷　香港聯合書刊物流有限公司
　　　　　電話 (852)21502100
　　　　　傳真 (852)23560735

ISBN 978-986-478-234-5

2019 年 1 月初版一刷

定價：新臺幣 280 元

如何購買本書：

1. 劃撥購書，請透過以下郵政劃撥帳號：
   帳號：15624015
   戶名：萬卷樓圖書股份有限公司
2. 轉帳購書，請透過以下帳戶
   合作金庫銀行 古亭分行
   戶名：萬卷樓圖書股份有限公司
   帳號：0877717092596
3. 網路購書，請透過萬卷樓網站
   網址 WWW.WANJUAN.COM.TW

大量購書，請直接聯繫我們，將有專人為
您服務。客服：(02)23216565 分機 610

如有缺頁、破損或裝訂錯誤，請寄回更換

版權所有·翻印必究

Copyright©2018 by WanJuanLou Books CO., Ltd.

All Right Reserved　　　　　　Printed in Taiwan

國家圖書館出版品預行編目資料

敵道學史──從北宋到二十世紀 / 衷鑫恣著.
-- 初版.-- 臺北市：萬卷樓, 2019.01
　　面；　公分.
-- (哲學研究叢書. 學術思想叢刊；0701017)
ISBN 978-986-478-234-5(平裝)
1.宋明理學　2.宋元哲學
　　　　125　　　　　　107020166